感じ取ってしまった時点で、あなたは言霊に囚われているのだ。いつだって、禍々しいモノは己の内側から湧いてくるのである。

さて、そこで本書だ。先述した、〈死〉と〈苦〉を想起させる四十九という数字をわ[illegible]名にするとは、いやはや正気の沙汰ではない。おまけに執筆陣もその名に恥[illegible]ばかりときている。なにか起きないほうがおかしいとすら思えてしまう。[illegible]目として表紙などに名を冠しているものの、実のところ私は各々の作品を熱心[illegible]純粋に怖がり、おおいに愉しませてもらっただけである。いわば、いまこの頁[illegible]ている読者諸兄とほぼおなじ立場に過ぎない。ゆえに各作品を取りまとめたと[illegible]はおこがましいばかりなのだが、それだけ執筆陣に全幅の信頼を寄せており、[illegible]その判断が間違いではなかったという事実を、本書を読み終えたあかつきには[illegible]首肯してもらえるのではないかと思う。

[illegible]ったん目にした言霊は、二度と離れない。この後にはじまる物語を読み、怖気を感じたときには、もうあなたに取り憑いているのだ。忌まわしき長い夜が、真っ赤な口を開けているのだ。

目次

鈴木呂亜

川奈まり子

冨士玉女

神薫

黒木あるじ

赤い船

眼科医を引退した夫と世田谷に暮らす、主婦の登志子さんの話。

彼女の実家は海沿いの町にあって、彼女の家と同じ通りには何軒か子供を海で亡くしている家があったという。

そのうちの一軒は登志子さんの幼馴染のキヨジという男の子の家。キヨジは九歳のときに磯遊びをしていて高波に飲まれた。登志子さんはキヨジが行方不明になる前日にも一緒に遊ぶなど仲良しだったが、彼女は海を身近に暮らしながらなぜか海が怖かったので、たいてい山のほうで遊んでいたし、その日も海を見下ろす丘の上で鬼ごっこをしていたそうだ。

登志子さんが鬼になったとき、二十数えてからさあみんなを捕まえてやるぞと駆け出すと、キヨジは崖っぷちの柵の手前にぼんやり立っていたのであっさり捕まった。

「なんで逃げないの、真面目にやってよ！」

そう怒る登志子さんにキヨジはどこか熱に浮かされたような顔でこう言った。

「今ね、おれの名前誰かが呼んだから、兄ちゃんが呼びにきたかと思って探したんだけど」

「兄ちゃんいなかったの？」

「うん。だからたぶんあの人に呼ばれたんだろうな」

そう言ってキヨジが指さすほうを見ると、ただ穏やかな白波の立つ海が広がっている。

浜のほうに目を移せば豆粒のように小さい人影がちらほらいた。

「どの人のことよ？」

登志子さんが訊ねるとキヨジはもう一度指さした。

どう見ても浜ではなく、海原を指さしているようにしか見えなかった。

「赤い船があって、そこから赤い帽子の人が手を振ってるでしょ」

そうキヨジは言ったが、見渡せる範囲には一艘のボートさえ見当たらなかったという。

ふざけてそんなおかしなことを言う子でないのはわかっていたので、何か勘違いをしているのだろう。そう思ったものの、柵から身を乗り出すように海をじっと見ているキヨジが今にも崖下へ転げ落ちてしまいそうに思え、登志子さんは気が気ではなかった。

鬼がちっとも捕まえにこないので、他の子たちもぞろぞろともどってきてそのまま白けて鬼ごっこはお開きになった。キヨジと登志子さんはばらばらに自宅のあるほうへ下りていった。

キヨジが波にさらわれて溺死したことを登志子さんが知ったのは、翌日の夕暮れのことだった。

現場に居合わせた上級生男子の証言では、キヨジは急に誰かに返事をするように「はい！」「はいそうです！」「よろしくおねがいします！」と元気に叫んだので、誰と話してるのだろうと不思議に思って振り返ったら、すでにキヨジの姿は岩場から消えていたらしい。

いったいキヨジが誰に向かって話していたのかはわからずじまいだが、大人たちに引き上げられた遺体のズボンのポケットからは小さく折り畳まれたお札が何枚も見つかったと登志子さんは聞いている。

幼い子供が持っているはずのない額だったうえに、どれも当時すでに流通していない古い紙幣ばかりだった。そしてどの札も端が朱で四角く縁取られており、どうしてキヨジがそんなものをポケットに入れていたのか、残された家族にも何も心当たりはなかったようである。

墜ちた話

好子さんの長兄の隆治さんは二十代の頃、マンション五階のベランダで洗濯物を拾おうとして誤って転落し重傷を負ったことがある。

落下している時間はほんの数秒だったはずだが、その間ずっとすぐ傍に誰かが寄り添って隆治さんの耳元に話しかけていた。相手の姿は見えなかったがその内容ははっきり覚えていて「お前の葬式には×野×美も来てくれてお前の棺に取り縋って泣いてくれる、なぜならお前は知らないがあの女もお前のことが好きだからだ、よかったな好きな女に泣いてもらえて」というものだったらしい。

幼馴染みでずっと好意を寄せていた×野×美とは進学して上京して以来会っていなかったのだ。

だが隆治さんは死ななかった。全治六か月の大怪我を負いながら一命を取り留めた彼は、数回の手術を経て退院するとさっそく帰郷して×野×美に会い告白したところ、相手はひどく驚いていたがすぐに交際が始まった。遠距離恋愛を続けて一年後には結婚して今では子供の三人いる幸せな家庭を築いている。

「お互い内気で気持ちを表に出せないタイプなんですよね。だからあのとき耳元でささやかれなかったらこういうことにはならなかったわけだし、誰だかわからないけど声の主には今も感謝してるって兄は言ってますよ」

ほんと誰だったんでしょうね、まぬけな死神がつい先走っちゃったんでしょうかと言って好子さんは笑った。

冬美さんの住むマンションは屋上に上がれるが、手すりの一部が脆(もろ)くなっていて危険な状態だった。

そのことを知らなかったのだろう、最近越してきたばかりの女性が屋上で流星群を観測していて、うっかりその手すりにもたれて転落してしまったらしい。

その晩冬美さんは部屋に友達が遊びに来ていて、おしゃべりをしていたら突然友達があっと声を上げた。窓を背にしていた冬美さんは友達の指さす方向を追って振り返ったが、ただ闇が広がっているだけだ。友達は硬直したようになってしばらく喋れなかったが、ようやくぽつりと「人が落ちていった」と言った。

　冬美さんは立ち上がって窓を開けてベランダに出た。地上を見下ろしたが八階のここからは暗くてよくわからない。そもそも部屋の映り込みもあるし、こんな闇の中を何かが落ちていったって見えないのではないか？　きっと部屋の中の物が映ったのを見間違えたんだよと言い聞かせ、ようやく友達も気持ちが少し落ち着いてきたようだった。

　だがしばらくするとサイレンの音が近づいてきたので二人も地上へ出てみたところ、やはり人は落ちていて救急隊員が処置するまでもなくあきらかに死体の状態だったようだ。

「でも友達が言うには二人だったって。つまり二人の女の人が肩を組んで笑いながら落ちていくのが見えたっていうんだけど、亡くなっていたのは一人なんです。他にも誰かが落ちて一人だけ助かったような形跡もないし、友達は警察に見たままのことを全部話したんだけど結局ただの見間違いだろうってことにされたみたい」

　友達はそれから精神状態が不安定になって窓のある部屋にいると不整脈が起きるなど働くことが困難になり、しばらく休職していたが突然何も言わずに郷里に帰ってしまった。

　ちなみにその屋上からは冬美さんが越してくる数年前に外部の人間による飛び降り自殺があったようだが、そちらの件の詳細は不明だという。

典康さんが小学校に上がったばかりの頃。親戚のお姉さんと近所の公園に遊びにいってすべり台に上り、さあ滑ろうと腰を落としたら下で見ていたお姉さんが悲鳴を上げた。驚いて思わず腰を浮かせると、そのままふわっと体が持ち上がった。誰かが典康さんの後ろから脇の下に手を入れて抱え上げているらしい。必死に暴れて抵抗すると体がくるっと反転して相手と向き合う格好になった。

顔を見たらそれは下にいるはずのお姉さんだったという。

典康さんは唖然として暴れるのをやめた。すると地上のほうから、

「だめ！　だめ！　そんなのだめなんだから！」

声がするので見ればお姉さんが腰を抜かしたように地面に座り込んで泣いていた。

はっとして自分を持ち上げているほうのお姉さんを見ると、目を閉じていて表情が何もなくまるで死んでいる人のように白かった。そう思ったとき景色がぐらっと揺れて引っくり返り、そのまま典康さんは意識が飛んだ。

気がついたときは病院のベッドの中で、右腕と右足がギプスに固められていた。公園に

行った日からすでに一週間が経っていると知って典康さんはすぐには信じられなかった。だが大人たちの話ではもうずっと前から典康さんは意識を取りもどしていて、親や看護師とも普通におしゃべりして、すべり台から転落したときのことも克明に語っていたようだった。

「親戚のお姉さんがふざけて自分を抱え上げ、バランスを崩して一緒に転落した」。そうしっかりと説明していたようだが、地上で泣き叫んでいたもう一人のお姉さんがいたことは誰にも話していなかった。

あらためて典康さんは自分の記憶にある〈本当の顛末〉を語ったが、夢で見たことを混同しているのだろうとされまともに聞いてもらえなかったという。

一緒に搬送されてきたお姉さんはすでに大きな病院に移送されていて、退院したのち典康さんは母親に連れられて一度だけ彼女を見舞いにいったことがある。事故以来目を覚ましていないというお姉さんは、あの日典康さんがすべり台の上で抱き上げられたときに見たのとまったく同じ白い顔をしていた。

その死人のような顔のままずっと眠り続け、一年後に亡くなったという話である。

通り魔

エリナは高校生だったある晩、危うく殺人事件に巻き込まれそうになったことがあるという。

盛り場で目つきのおかしい中年男に声をかけられ、あるチェーンのファストフード店の場所を訊かれたのだが、なんだか嫌な胸騒ぎをおぼえた彼女は「ごめんなさい、ちょっとわからないです」と答えた。すると男は無言で彼女から離れ、別の通行人に声を掛けているようだった。ロック系Tシャツ姿の若い酔っ払いの男が親切に店の場所まで案内していく後ろ姿を、エリナはぼんやりと覚えているという。

翌日同じ道を通りかかると、彼女が怪しい男に声をかけられた場所からファストフード店のある方向へ折れる曲がり角のところに、たくさんの花束が置かれていた。新聞もテレビのニュースも見なかった当時のエリナは、そのとき同行していた学校の友達からゆうべそこで通り魔殺人があったのだと初めて聞かされた。被害者の顔写真などは怖くて一切確認していないが、のちに耳に入ってきた犯行時の状況から推測するに、どうやらあの親切な若い男が犠牲になったのは間違いないようだった。

犯人の中年男はカバンに柳刃包丁をしのばせて持ち歩いていたらしい。おそらくエリナがその場を立ち去って数分と経たないうちに、被害者はいきなり背後から包丁でめった刺しにされ、あの髑髏（どくろ）のプリントされた黒いＴシャツは血に染まったのだ。

「あっ見て、縁石のところちょっと赤くなってない？　あれって血でしょどう考えても」

友達が興奮気味に歩道を指さしていたが、エリナは必死で目をそらし続けたそうだ。


事件の後、エリナはその界隈には意識して近づかないようにしていたが、ある晩知り合ったばかりの男が「友達が働いてる店があるから」と言ってどんどん先を歩いていって、エリナが置いていかれないようについていくといつのまにか事件現場の近くに来ていた。

事件から五か月くらい経っていたが花束は新しいものがまだいくつか置かれていたという。花束の合間には知らないバンドのＣＤジャケットも立てかけられていた。エリナはそっちを見ないように早足で前を通り過ぎる。と、連れの男が突然立ち止まって、

「えっ何エリナちゃん、もう一回言って」

そう振り返って彼女の顔をじっと見ているので「あたし何も言ってないよ」と彼女が答えると、

「いや言ったでしょエリナちゃんの声だったしおれの名前呼んだし」

男はエリナがふざけていると思ったのか、半笑いでこう続けた。

「×××に行こうとかって言ったよね？　あんな動物の餌みたいなのじゃなく、すげえおいしい店これから連れてってあげるのに」

×××というのはあの日、通り魔に場所を訊かれたファストフード店の略称である。

「あたしそんなこと言ってないよ！　言うわけないでしょ！」

エリナが思わずそう声を荒げると、男はうろたえたように何度も謝ったが、彼女自身も怒りというよりすっかり動揺してしまって、男をその場に残して駆け足で家に帰ってしまったという。

さすがに悪いことをしたと思い、帰宅してから彼の携帯に電話を入れたが繋がらず、メールにも返信はなかった。

だが翌日の放課後、駅に向かって歩いているとどこかで見たことのある男に呼び止められた。

彼はゆうべエリナが置き去りにしてきた男の友達で、連絡先を知らないから直接探しにきたんだと言い訳してこう告げたという。

「あいつ昨日の晩きみと会ってたでしょ？　それを同居してる彼女に偶然見られちゃったらしくて後ですごい揉めたんだよね。それでなんかの弾みで彼女がキッチンから包丁持ちだしちゃって、興奮する彼女を止めようとして倒れたとき偶然こう刺さっちゃったらしいんだよね」

そう言って男は自分の腹を手の先で突き立てる真似をした。

「だからあいつ今入院してるの。あと何センチかで太い血管か内臓に達してたらやばかったっていう話。とりあえず今は絶対安静だし、病院に彼女もつきっきりだから自由に連絡もできない状態で、おれがかわりに事情を伝えに来たわけ。いちおう病院の場所と部屋番号渡しとくからさ、たぶん明日の昼間は彼女は仕事だから来てないと思う」

そう言って差し出したメモをエリナが受け取ると、男は会釈して立ち去った。

エリナは結局見舞いには行かなかったそうだ。

こうした話を麻子さんは、バイト先で同じ高校の後輩だと知って仲よくなったエリナから直接聞いたそうである。

「その後も通り魔の被害者が着てたのと同じTシャツ着た人――もちろんまったくの別人だけど――が雑踏の中で変な声上げながらエリナに向かって突進してきたり。その繁華街とは別の×××の店の前でテイクアウトの袋提げた人とぶつかったら、なぜか袋から包丁がどさどさと何本も落ちてきたり。なんか通り魔事件が断片的に再現っていうか、なぞられたような出来事が忘れた頃に何度も繰り返されるんだって。そんなの偶然だよ、気にしないほうがいいよって言ってあげたけど正直な話、あの子の周囲では私が見てもおかしなことがいろいろあって。やっぱり気のせいだけじゃなかったと思う」

麻子さんもエリナとお茶してるときに携帯に非通知の電話がかかってきて、出ると男の悲鳴やうめき声のようなものが十秒くらい続いて切れたことが二、三回あった。

彼女の顔色を見てエリナは何も訊かずにこう言ったという。

「ごめんね、あたしと一緒にいるせいだと思う。あたしにもよく変な電話かかってきて、またあれだなって出る前に直感でわかるんだけど絶対電話には出ることにしてる。それはあたしの場合立場的に聞かなきゃいけないっていうか、それが自分の義務なんじゃないかって気がしてるからなんだけど」

　エリナは目を伏せて薄く微笑んでいたけれど、口調は棒読みのように感情がなかった。

「当時あの子のまわりで起きてたのって亡くなった被害者のたたりとか、そういうものじゃなかったと思うんですよ。なんか犯人も被害者の人もエリナ自身も含めたその事件全体の負のエネルギーっていうのかな。そういうものが残ってて、あの子はずっとそれに巻き込まれ続けてたのかなって気がしたんです」

　その後麻子さんは、些細な行き違いがあって喧嘩をして以来エリナとは音信不通になった。

　だが十年以上経った今も時々彼女のことを思い出すし、どこかで元気にしてるといいなと思っているという。

ホームの人々

神部くんは子供の頃、酒乱の父親に殴られてばかりいた。毎日のように晩酌をするか外で飲んで帰ってくる父親は些細なことで激昂して、母親の腹を蹴り飛ばし、神部くんの頭を殴りつけるのだ。だから休みの日は父が酒を飲み始める前に神部くんは家を逃げ出し、飯の時間と寝るとき以外はなるべく家に寄りつかないようにしていた。

それでどこへ行くのかといえば、遊ぶ友達がいないときはたいてい家から歩いて五分ほどの某駅に来ていたそうだ。

そこは県をほぼ横断している鉄道路線の終着駅で、昼間はあまり乗降客がいない。ゆるい時代だったせいか、そこの駅員がとくにいい加減だったのかわからないが、神部くんは切符も持たずに改札口を自由に出入りすることを許されていた。かといって駅員が遊び相手になってくれるわけでもなく、ただホームやそこに続く階段で一人で遊んでいるのを黙認されていただけのようだ。

遊び相手もいない駅などに来てどうして退屈しなかったかというと、電車が好きだったのもあるが、神部くんはホームをうろつく奇妙な人たちをおもに観察して過ごしていたらしい。

それは体がひどく変形して一見して人間に見えなかったり、普通では考えられないような部分が欠けている人たちである。

具体的には頭部がまったく見当たらなかったり、ホームの床に体の四分の三くらいが平たく潰れて広がっているような人たちだった。大抵は二、三人、多いときは七、八人くらいそういう人たちがいた。それらが生きている人でないことはわりあい早く気づいたけれど、どうしてこの駅に集まっているのかはしばらく謎だったという。

鉄道の線路上では事故や自殺などたくさんの人が死ぬものだと知ってからは、きっとあの人たちはこの路線で今までに轢死（れきし）した人なんだと神部くんは考えるようになった。

ここは終点で線路が行き止まりになっているから、死んだ人たちの霊も行き場がなくて溜まってしまうのだろう。

そう思って神部くんは、ホームへ下りる階段に腰かけてそれらの人々をぼんやり眺めていた。

電車を乗り降りする人たちはもちろん、運転士や車掌、一日中駅にいるはずの職員たちも、ホームにたむろする異形の者たちのことは気づいていないようだった。

神部くんにとっても、それらの人々はどこかピントのぼけたような見え方をしていたようで、大人になってからの言葉で言い直せば「夢の中で会う人たち」のようなぼんやりした印象があったとのこと。

むこうからはこっちが見えているのかどうか、少なくとも関心はないようで彼らは神部くんの前をいつもあっさり素通りした。みんなそれぞれ何かで頭がいっぱいなのか、逆に何も考えられないからなのか互いにコミュニケーションを取ることもなく、中にはずっと独り言のようなものを呟き続けている者もいる。

神部くんの印象にもっとも強く残っているのは、ある首のないひょろっとした体形の女の人だった。

首がない以外はなぜか不自然なくらい出勤途中の普通のＯＬのような姿なのだが、ホームにしゃがみ込んで両手で足元を必死に探るようにしている様子は、あきらかに自分の失った首を捜している動きに見えたという。

だがその人のいる斜め後ろあたりには、短めの髪の若い女性らしい頭部が仰向けに転がっていた。

きっと彼女が捜している首はそれだと思うのだが、なぜかすぐそばにあることにまるで気づかず見当違いな方向ばかり手探りしている。

一方首のほうはといえば、ずっと何かをしゃべり続けていた。きっと目の前にしゃがみ込む体に向かって「ここにいるよ、早く拾ってちょうだい」とでも呼びかけているんだろう、そう思って神部くんはそっと首の近くに寄ってみた。するとマネキンのように無表情な生首のせわしなく動く口からは、

「ワタシノクビハドコ？　ワタシノクビハドコ？　ワタシノクビハドコ？　ワタシノ――」

そんな一本調子の甲高い早口が聞こえてきたという。

首のない女性も生首もべつに怖いと感じなかった神部くんは、なぜかこのとき初めてひどいショックを受けた。

この首は自分が生首だということに気づかず、むしろ自分のほうが首を捜しているつもりになっている。首と体がこんなに近くにあるのに、何かが完全に食い違ってしまってもう二度と元にもどれないんだろう、これが死というものだろうか？

と、そんな言葉で当時考えたわけではないけれど、だいたいそんな思いが込み上げてき

て神部くんは今まで一度も感じたことのないようなうすら寒い気持ちに襲われ、逃げるように駅を後にしたそうだ。

それから数週間後にいつものように酔っ払った父親に顔を殴られたとき、神部くんは部屋の隅にふっ飛んでいって茶箪笥に頭をぶつけ、打ち所が悪く気絶してしまった。救急車で搬送されて気づいたら病院にいたのだが、父親の暴力が母の親族にも知られ両親の離婚につながったこの事件以来、彼は駅のホームに来ても異様な人々の姿をいっさい見かけなくなったという。

昼間のプラットホームにはただまばらな乗降客の姿があるだけで、当たり前の地方駅らしい光景が広がっているだけだった。

やがて大人になり、二児の父となった現在まで神部くんは自分に霊的な能力があるなどと思ったことは一度もないそうである。

「子供の頃だってあの駅以外で幽霊を見たとか、妙な体験をしたことはとくにないんですよね。ほんとにあの一時期だけ、あの場所にだけ偶然チューニングが合っちゃってたんだと思う」

最近数十年ぶりに訪れたその駅はすっかり様子が変わっていて、駅前は再開発され日本中でよく見るファストファッション店や百円ショップの入ったビルが並んでいた。

すっかりきれいに模様替えされたホームにも昔の面影はないが、それでも神部くんはあのときのような異形の者たちが人混みに紛れ、どこかを徘徊している気がしてならなかったらしい。

もちろん今の神部くんに、彼らの姿はひとつも見つけられなかったのだが。

緑色の手

雄也さんの知り合いが店長をやっているバーに、たまに来る男性客でBさんという人がいた。

雄也さんも何度か会ったことがあるけれど、自称コンサルタント業のBさんは頭の回転の速い人で話も面白い。だが店長によれば酒癖に問題があって、近所の店で何軒か出禁になっているらしい。

「まあうちも今のところぎりぎりセーフって感じ。次やったらもうアウトですよって言い渡してあるんだけど」

店長はそう言って苦笑いしていたという。

Bさんは基本的にアルコールには強い人なのだが、ある一線を超えると急に目が据わって表情が変わることがあるらしい。

するとその場にいる一人一人に向かって不気味な予言めいたことを口走り始めるのだ。

他愛ない占いのようなものなら問題ないのだが、Bさんの〈予言〉はいちいち不吉だったり縁起でもない要素が混じっていて、場の空気を悪くしてしまうのだという。

「あなたは五年後に結婚するけど相手は今の恋人ではなくて、三年後にあなたが大病して入院してるときの看護師。そのとき彼には妻子がいるけど、あなたと付き合い始めて家庭が壊れ、泥沼の離婚の末ようやくあなたと結ばれるけど、その間にあなたは彼の子供を二度堕ろすでしょう」

「あなたの今の家はローンが完済する直前に火事で全焼するけど、家族は全員無事なのが不幸中の幸い。だと思ったら、火事の原因が精神を病んだ息子による放火だったとわかる。その息子さんは現在奥さんのお腹の中にいる子で、現役でT大に入って××官僚になった自慢の息子としてあなたたち夫婦を喜ばせるけど、その後激務と理想と現実のギャップに悩んだ末心を病むんです」

そんなふうに一人一人の顔に人さし指をつきつけながら、立て板に水のようにBさんは続ける。

　すると次から次へと相手を指さしていくBさんの右手が、だんだん人肌とは思えない緑色に変わっていくのだそうだ。

「あれってどういうメカニズムなんだろうね？　最初はちょっと青ざめてるかなって程度なんだけど、途中からもう目に見えて変化がわかるんだよ。次の人をぴっと指さした瞬間に、さーっと緑が濃くなるの。しまいにはほんとに青汁みたいな色になってるわけ。でも変わるのは右手の袖から出てる部分だけで、顔とかはほんのり赤ら顔の、酔っ払いの肌の色のままなんだよな。そのかわりっていうか、右手は爪の先まで全部緑色なんだけど」

　その異様な手の指を顔先につきつけて不吉な予言をくりかえすBさんにその場のみんなは怯えてしまい、中には泣き出してしまう客もいるという。

　予言の内容はほとんどが何年も先の出来事だからまだ〈答え合わせ〉はされていない。

「でも一部だけど、Bさんの予言が当たり始めてる人もいるんだよね、そこがまた気味が悪いところなんだけどさ」

　初老の男性客が、買ったことを誰にも言っていなかった宝くじが二等に当選していることを見事に言い当てられたのだ。

「でもBさんの予言は、分不相応な大金を手にしたその人が女遊びを覚えて、年甲斐もなく入れあげた愛人に賞金全部つぎ込んだあげく会社の金に手を付けてお縄になる、ってところまで続くんだよ。まあそのお客さん最近すっかり店に来なくなっちゃったからその後どうなったのかは確かめられないんだけど」

雄也さんは予言の現場に居合わせたことはなく、ぜひ一度見てみたいものだと思っているが、

「うちじゃ絶対だめだよ、やるなら他所(よそ)でやってね。もしうちでBさんをけしかけたりしたら雄也さんも一緒に出禁だよー」

そう店長には釘を刺されているのだが、幸か不幸か他の店でBさんに出くわしたことはまだないそうだ。

もみじ

定年を迎えた坂井さんは清掃業に就いた。

昨年の夏から、とある寺を担当している。

本堂や禅堂などの建物は勿論のこと、庭や周辺の道路も清掃の対象だ。

それほど名の売れた寺ではないが、その分、近隣住民と深く繋がっている。

散歩や通勤で寺の前を通る人達は、皆一様に足を止め、手を合わせて拝むほどであった。

人と触れ合うのが大好きな坂井さんは、一人一人に挨拶を投げかけた。

人当たりが良く、実直な勤務態度が評判を呼び、坂井さんは勤め始めて僅か半年で責任者の地位に就くほどであった。


その日は、塀沿いの雑草を始末する予定であった。

少し前に雨が降ったおかげで地面が緩み、作業は順調である。

「ついでに便所の裏もやっとくか」

同僚の伊藤に声をかけ、坂井さんは現場に向かった。

本来なら、ここは請負業務の範囲外である。

建物の裏手にあたり、回り込まなければ近づけない。

観光客はもとより、関係者も立ち入らないような場所だ。

放置しておいても問題はない。以前の責任者からも、そう申し送られている。

それでもとりあえずやってみて、不評ならば止めれば良い。

坂井さんは、慣れた手つきで雑草を刈取り始めた。一年を通じて陽の当たらない地面は、じっとりと湿っている。

気持ちの良い場所ではない。放置されているのも納得できる場所だ。

進むにつれ、ある事に気づいた。

誰かが通った痕跡があるのだ。湿った地面に人の靴跡が残されている。

その大きさから察するに、女性のものと思われた。

こんな場所にあるのは不自然に思えたが、坂井さんは手を休めずに作業を続けた。

半時間ほど過ぎた頃、前方に妙な物を見つけた。

青いビニールシートに包まれた箱のようだ。ガムテープが何重にも巻かれている。

坂井さんは、ホウキの先で少しだけ動かしてみた。重い物ではない。

違法投棄されたゴミにしては、丁寧過ぎる包み方だ。ゴミならゴミで良いが、危険物の可能性もある。

いずれにせよ、このままにしておくわけにはいかない。万が一の事を考え、坂井さんは守衛の携帯電話に連絡した。

巡回中だった守衛と顔を合わせたのは五分後である。先程の現場に戻ると、伊藤が座り込んでいるのが見えた。

「どうした、伊藤くん」

伊藤は振り返りもせず、箱を指さした。その指先が震えている。

箱を包んでいたビニールシートが切り裂かれ、大きく開いていた。

伊藤が言うには、箱の中で何かが動いたらしい。

草刈り用の鎌で慎重に切り開き、蓋を開けようとした途端、何かが飛び出してきたのだという。

あまりにも素早い動きであったため、伊藤は黒い塊（かたまり）としか確認できなかった。

捨て猫が入っていたのだろうと断言する守衛に向かって、伊藤は静かに言った。

「猫じゃありません。そいつ、笑ってたんです」

黒い塊は、塀を駆け上がって向こう側に飛び降りたそうだ。

伊藤の言葉を裏付けるように、その塀には泥の痕跡が連なって残されていた。

世間一般で言うところの『もみじのような手』の跡である。

坂井さんは急いで塀の向こう側に向かった。

道の上にも手の跡は残っている。それは通りを進み、一軒の民家に向かっていた。

若い夫婦と老婆が暮らしている家だ。名前は知らないが、三人とも顔見知りである。

奥さんは毎朝、手を合わせて熱心に拝んでいた。

よくよく思い返してみると、奥さんが頭を下げていたのは、丁度あの箱が置いてあった辺りである。

次、出会った時にさりげなく訊いてみようと決め、その日は終わった。

結果として、訊けていない。

三人が暮らしていた家は、その出来事の直後に空き家になったのである。

亡くなったとかではない。突然、家族揃っていなくなったのだ。

近所の人にも理由は分からないという。
坂井さんは、一度だけその家を覗いたことがある。
庭や建物のあちこちに、小さな手形が残っていたそうだ。

見届けて

稲垣さんは小学四年生の時、目の前で友人の恵津子ちゃんが死ぬところを見てしまった。

公園に向かう途中、車が突っ込んできたのである。

高く跳ね飛ばされ、頭から落ちていく恵津子ちゃんの姿は、今でも目に焼き付いているという。

稲垣さん自身は背負っていたランドセルに助けられたが、それでも右足を強打したために立てなかった。

頭から大量の血を流す恵津子ちゃんを少し離れたところから励ますしかなかった。

この時、稲垣さんは不思議なものを見た。

恵津子ちゃんから白い煙がにじみ出てくる。煙は、恵津子ちゃんの身体から離れると、物凄い速さで空に昇っていった。

稲垣さんが同じような白い煙を見たのは、それから五年後である。

家族でドライブを楽しんでいる時のことだ。前方で事故が起きたらしく、道路は渋滞が続いていた。

事故現場を通り過ぎる時、父は速度を落とした。そのせいで、稲垣さんはハッキリと事故現場を見てしまった。

潰れた車の横に血塗れの人が倒れている。着ている服のおかげで、辛うじて女性と分かった。

延命措置を施す救急隊員をすり抜けるように、白い煙が立ち昇る。

その瞬間、稲垣さんは恵津子ちゃんを思い出したという。

あの時と同じであった。ひとつ違う点がある。救急隊員が心臓マッサージを行う度、煙は少しだけ身体に引き戻されていた。

走る車の中からでは、そこまでしか確認できなかった。

その日以来、見る機会は訪れなかった。目の前で人が死ぬ瞬間に立ち会うことなど、医療従事者でもない限り滅多にない。

葬式や通夜には何度か行ったが、御遺体から白い煙が出てきたりはしなかった。

二ヶ月ほど前、稲垣さんは久しぶりに白い煙を見た。

義姉が倒れた時である。

兄と共に救急車に乗り込み、走っている途中で義姉から白い煙が湧きあがってきた。

稲垣さんは絶望と共に、その煙を見つめていた。

病院に到着する頃、白い煙は義姉の身体から離れた。

だが、前例と異なり、なかなか空に昇ろうとしない。いつまでも義姉の身体にまとわりつき、中に入り込もうとしているように見えた。

そうするのも無理はなかった。

義姉は出産間近だったのである。稲垣さんは胸の中で、必死に応援したという。

だが、煙は中に入れないまま、身体と共に集中治療室へ向かった。

幸いにも胎児は助け出され、新生児用の集中治療室に預けられた。

冷たくなってしまった妻の手を握り、号泣する兄の周りをしばらく漂ってから、煙は新生児の部屋に飛んでいった。

稲垣さんが追いかけて部屋に入ると、煙は助け出されたばかりの赤ちゃんの側に浮かんでいたという。

数分後、煙は静かに消えていった。

若年寄

去年のこと。

諸田さんは無事に大学を卒業し、一流とまではいかないが、そこそこ名の通った企業に就職が決まった。

その会社の新人研修は一風変わっていた。系列企業が経営する介護施設での作業である。

諸田さんは情報システム室に配属が決まっており、当然ながら介護施設とは全く縁が無い。

正直に言ってくだらないとは思ったが、研修を拒否できるわけがない。

作業内容は既に知らされてある。諸田さんを含めて五人の新入社員が担当するのは、施設内の清掃である。

入居者の世話は、職員でなければできない業務だ。

諸田さんは老人が苦手である。出来れば近寄りたくもない。

新人研修は大変に辛い十日間の始まりでもあった。

手順を教わり、早速実践である。廊下、部屋は勿論、トイレの掃除も行う。

廊下や部屋はまだしも、トイレは精神的に参ってしまった。

十日間の我慢だと自分に言い聞かせ、黙々と掃除を続ける。

八割方終わらせて背伸びをした諸田さんは、背後にいる老婆に気づいた。

老婆は、でっぷりと肥(こ)え太っているせいか、寝間着がはだけて下着が露(あら)わになっている。

唾液でねばついた唇で何事か言っているが、まるで内容が分からない。

相手をするだけ無駄だと判断した諸田さんは、老婆を無視して作業を続けた。

老婆は諦めたのか、ぶつぶつ呟きながら出ていった。

その後も、何かにつけてその老婆は現れた。

諸田さんだけではなく、他の新入社員にもまとわりついている。

諸田さん同様、他の者も無視しているようだが、福山という男だけは違った。

実の家族同然に、優しく接するのである。

そういう性格らしく、傍目(はため)にも心温まる光景であった。

たちまち福山は人気者になった。件の老婆のみならず、殆ど全ての入居者の息子のような存在である。

そのせいか福山は、常に複数の老人に囲まれながら掃除をこなしていた。

諸田さんは、その様子を冷ややかに眺めながら自分の作業を淡々とこなしていった。

そうこうするうちに、十日間はあっという間に過ぎ去った。

当初抱いた感想通り、研修といいながら何も得ることは無かった。多少、掃除が上手くなったぐらいだ。

福山は、別れを惜しむ老人達から沢山の贈り物を貰っている。

残念ながら例の太った老婆は、二日前に息を引き取っていた。福山いわく、肺癌であった。

驚いたことに本人から直接聞いたらしい。

「それじゃね、必ずまた来ますから」

そう言って歩き出した福山が、一旦立ち止まり、怪訝そうに回りを何度も見渡す。

どうかしたのかと声をかけるのも忘れ、諸田さんは福山を凝視した。

あの太った老婆が福山の肩に跨がっている。福山は、しきりに首を回している。

分からないながらも何かしら感じているらしい。

諸田さんは、教えてあげようと近づいたが、結局そのままにして歩き出した。どう説明すればいいか思いつかなかったからだという。


その後、諸田さんは情報システム室で日々励んでいる。

福山が配属されたのは総務部だが、早くも部内のお荷物になっている。ミスが多いのだ。それも単純なケアレスミスである。

研修を共に乗り越えた仲間が、心配して理由を訊ねた。

本人が言うには、とにかく体がだるいそうだ。

集中力がなくなり、それと並行して好奇心や興味を惹かれることも無くなった。テレビやネットも騒がしくて見る気が起きない。

そもそも視力も聴力も急激に落ちてきている為、思うように見られないらしい。

諸田さんの目には、老婆の下半身は福山に溶け込み、徐々に一体化しつつあった。

それにつれてミスは徐々に増えていった。やがて、取返しのつかない過ちを犯してしまった。

福山は、半ば強制的に長期休暇をとることになった。

梅雨が明ける頃である。

諸田さんが社員食堂の窓から外を眺めていると、寂しげに退社していく福山が見えた。

右肩に老婆の頭頂部だけが見えている。

福山は道端に痰(たん)を吐き、よたよたと歩いていった。

祖母の布団

佐田さんの母親の口癖は「もったいない」である。
何でもかんでも取っておくわけではない。必要のない物は、あっさり捨ててしまう。
その代わり、気に入った物は誰が何と言おうと使用する。
時にそれは、夫婦喧嘩や親子喧嘩にまで発展する。
今回の「もったいない」は、喧嘩どころの話ではなかった。
母が使おうとしているのは、つい先日亡くなった祖母の寝具一式である。
確かに、もったいないと言う気持ちも分からなくはない。
寝たきりの祖母に少しでも楽をさせるため、無理に購入した高額な布団である。
僅かの間しか使用しておらず、新品同様であることは確かだ。
家族の反対を押し切り、母は二日かけて念入りに布団を干した。
三日目の夜、佐田さんが会社から帰宅すると、ベッドの上に祖母の布団があった。
ふっくらと膨らみ、寝心地が良さそうである。

今まで使っていた布団とは雲泥の差だが、そんな事は関係ない。

佐田さんは着替えもせずに母のもとへ行き、厳重に抗議した。

不満そうに頬を膨らませていた母は、最期には折れ、自分で使うと宣言した。

翌朝、目覚めた佐田さんが洗面所に行くと、父親が髭を剃っていた。

「すまんが、母さんを起こしてくれ。さっき声をかけたんだが、まだ起きてこないんだ」

父と母は、数年前から別々の部屋で寝ている。深夜に帰宅することが多い父が気を使ったからである。

寝室のドアをノックしたが、何の反応もない。いつもなら、一番に起きて台所に立つ母である。何となく嫌な予感に襲われ、佐田さんはドアを開けた。

心配は杞憂に終わった。母は、安らかな寝息を立てて眠っている。

「母さん。もう六時半よ。起きて」

結構大きな声だったが、目覚める気配が無い。

近付こうとした佐田さんは、妙な事に気づいた。

布団から出ている顔は母である。だが、身体がおかしい。首から下が平坦なのだ。

盛り上がりが無い。そこに何も存在していないとしか思えない。

布団を捲りあげ、確認すれば良いのだが、足が竦んで動かない。

「どした。まだ起きないのか」

入ってきた父親に状況を説明すると、父親はしばらく見つめた後、思い切って布団を剥いだ。

現れたのは、何の異常もない母親の身体である。

もう一度、布団をかけてみる。またしても平坦なままである。その状態で布団の上から触ってみたが、身体の感触は無かった。

どうなっているのか皆目見当がつかない。だが、この布団が原因であることは間違いないようである。

とりあえず母親を起こそうとした佐田さんは、またしても足が竦んだ。

いつの間にか、母親の寝息が止まっている。

寝息どころか、そもそも息をしていなかった。

そして母親は、それっきり二度と目覚めることは無かった。

祖母が残した布団と、それまで母が使っていた布団は今でも押し入れに片付けてある。

父親が頑なに処分を拒否したという。
将来、自分に寿命が来た時に使うそうだ。

非瑕疵物件

田代さんが総戸数百十五の分譲マンションの管理人になったのは、今から二年前のことである。

前任者の吉村さんが、歳も歳だからと引退して田舎暮らしを望んだらしい。

派遣先の工場が閉鎖され、独身寮を追い出された田代さんにとって、住み込みの仕事は何よりも有難かった。

管理会社の説明によると、しっかりした自治会があるため、雑用程度の仕事しかないとの事であった。

しかも、吉村さんがまめな人物だったおかげで業務の資料には事欠かない。

管理会社の言う通り、対応に窮するような事態は起こらず、田代さんは穏やかな日々をおくっていた。

仕事に就いて三週間目。

自治会長が管理人室にやって来た。三階の住人の御家族が亡くなったという。

ついては、葬儀の案内を掲示して欲しいとの依頼である。

渡されたメモには亡くなった御本人の名前に続き、会場や日時、享年、喪主の名前などが書き連ねてある。ご丁寧にも死因まで記されてあった。

早速、吉村さんの資料の出番である。項目ごとに分けられたノートのうち、掲示板関連と書かれたものを広げた。

箇条書きに記された手順の横に、見本のビラが貼りつけてある。パソコンが使えなかったらしく、手書きだ。

実に丁寧な文字で分かりやすい。自治会長から渡されたメモの内容を当てはめて書き写していく。おかげで、たちどころに完成した。

ノートの裏表紙に貼り付けた袋に、今までのメモを全て残してあった。

何の役に立つか分からないが、同じように保管する。あとは掲示板に貼るだけだ。

全て終わるまで十五分程度の仕事であった。


その日から数えて二十日後の朝のこと。

田代さんはゴミ集積所を掃除していた。大きな物音に顔をあげると、玄関から男性が飛び出してくるのが見えた。

二階の十二号室、板倉家の御主人だ。

板倉さんは、慌てた様子で駐車場に走っていく。

声をかけようと思ったが、その暇すら無かった。とりあえず、掃除を済ませてしまわねばならない。

何事かと気にはなったが、田代さんは仕事を続けた。翌日の夕方、買い物帰りの田代さんを自治会長が待ち受けていた。

葬儀の案内を掲示して欲しい。

そう言われて田代さんは戸惑った。それは、二十日前に言われた台詞である。

自治会長は、その時と同じようにメモを渡して自室に帰っていった。

そこから先も同じである。日時等を確認の上、案内を作成し、掲示板に貼り付ける。

葬儀内容のメモは保管しておく。以上だ。

この時点では、不幸は重なるものだな程度の感想しかなかったという。

それから丁度一ヶ月目の深夜。

マンションの前に救急車が止まった。田代さんが表に出た頃には、既に救急車は出発した後であった。

翌朝、田代さんは呼び鈴に起こされた。慌てて飛び起き、ドアを開けると自治会長が立っていた。

自治会長は早い時間に起こしたことを詫び、事もなげに言った。

「五一三号室の川瀬さんの奥さんが亡くなられました。葬儀の案内を掲示してください」

田代さんは、ぽかんと口を開けたまま頷いた。

書き慣れた葬儀の案内を掲示し、田代さんはその日の仕事を始めた。

日常業務をこなしていくうち、ざわついていた気持ちが落ち着いてきた。

着任して三ヶ月の間、毎月一人死んでいる。

これは割合いとして多い方かもしれないが、有り得ないとは言い切れない。

世間では、毎日どこかで人が死んでいる。それが偶々（たまたま）このマンションに固まっただけだ。

総戸数百十五、夫婦だけだとしても三百人を超えてしまう。実際はそれ以上だ。

確率とかは分からないが、ままある事に違いない。

そう自分を納得させた田代さんをあざ笑うかのように、翌月も翌々月も人が死んだ。

多い時には三人、最低でも必ず一人。

結果、着任して半年で八人が亡くなっていたのである。

ここに及んで、田代さんは流石に自分の気持ちをごまかしきれなくなった。

先ずは、自分の着任前はどうだったのかを調べるのが先決である。

過去の積立金の使途を調べれば直ぐに分かるだろうが、その管理は自治会の仕事であり、確認できない。

ふと気がつき、保管してあるメモの束を取り出した。この枚数イコール死者の数である。

驚いたことに、メモは全部で四十八枚あった。

最も古いのは十二年前。このマンションが分譲を開始した年だ。

そこからしばらくの間、年に一人か二人の割合いで亡くなっている。

その程度なら、至って普通の出来事である。

異変の始まりは五年前の十二月。四二四号室、藤本郁美。十五歳、飛び降り自殺と記してある。

そこから毎月ひとり、死人が出始めた。

殆どは病死、次いで事故である。自殺者は藤本郁美のみであった。

性別はもちろん、年齢も職業も様々だ。メモから分かったのはそれぐらいである。

これでは見当もつかない。田代さんは思い悩んだ挙句、前任者の吉村さんに訊いてみることにした。

業務の引継ぎ時、何かあれば気軽に連絡して欲しいとのことで、お互いの電話番号を交換してある。

何をどう訊こうか迷いながらかけたのだが、吉村さんは開口一番こう言った。

「久しぶり。葬式の件？」

驚いた田代さんの沈黙を是としたのか、吉村さんは一方的に話を終えて電話を切った。

長くなるし、言葉では上手く伝わらないと思うので、自分の考えをまとめた資料を送るという。届いた資料は、レポート用紙に手書きされていた。

一枚目には、自分なりに調べた結果ですと書いてある。

捲（めく）ると、いきなり藤本郁美の名前が書き込まれていた。

『その一、藤本郁美。

マンション内のグループからイジメられており、それを苦に自殺したらしい。その後、イジメた相手の部屋の前に立つ姿が目撃されている。

顔を前に付き出し、ドアを睨みつけていたそうだ。』

田代さんは戸惑った。何か得体の知れない事が起こっているとは思っていたが、もしもこれが原因ならば、亡くなった人の数が多過ぎる。

それに、老人や乳幼児は関係ないのでは。

首を捻りながら次のページを見る。

『その二、敷地横の墓地。

管理会社の資料によると、住宅開発に伴い、墓地を移動していた。古い墓地であったため、引き取りてがない無縁の墓が五基あった。場所的に言うと、西側にあるマンション専用公園である。無縁の墓は全て廃棄処分した筈なのだが、公園の砂場に墓石が立っていたのを見た者がいる。』

『その三、土地の持ち主。

この周辺の土地は、全て一人が所有している。このマンションが建った時、部屋をひとつ譲り受けて暮らし始めた。部屋の番号は四二四号、その当時の名前は藤本玲子。自殺した藤本郁美の母親である。娘の自殺後に離婚し、旧姓の高橋玲子に戻った。四二四号室はそのままで、新たに一階のモデルルームを内装の家具ごと購入。その年の自治会長に立候補し、以来ずっと続けている。モデルルームの内装そのままだったので、マンションの断面図が壁に貼ってある。売れた部屋を示す物だ。一度、水道管の不良を調べに行った時に見てしまったのだが、自治会長は断面図をダーツの的にしていた。』

吉村さんのレポートは、こう結ばれていた。

『以上の三つのうち、どれかが原因かもしれない。或いは、三つが絡まりあってしまったのかもしれない。私にはこれ以上の事は分からないが、忠告しておきたい。自分の仕事と生活だけを大切に考えて、下手な詮索は止めた方がいい。それと何より、自治会長には逆らうな。ちなみに、断面図に管理人室は記載されていないから、その点は安心して良いと思う。』


読み終えて黙り込んでいた田代さんは、立ち上がってマンションの正面玄関に向かった。駐輪場の蛍光灯を交換するのを忘れていたからだ。

作業中、自治会長に出会った。

「あら、管理人さん。いつも御苦労様」

田代さんは作業の手を止め、脚立から降りて深々と頭を下げた。

結局、何が起こっているか不明のままだが、田代さんは今でも毎月、葬儀の案内を書いている。

思い

夜十一時半、中学三年生の隆弘君は自室でいつものように電気を消してベッドに入った。うつらうつらし始めたその時、周囲が僅かに明るくなったことに気付いて目を開けた。部屋の入り口の扉が開いており、廊下の明かりが部屋に差し込んでいる。

その光を背にして、ベッドの足元に立つ者があった。その姿は完全にシルエットになっているため誰なのか判別できないが、彼の足元の布団をもぞもぞと触っているところをみると、どうやらお母さんらしい。隆弘君は寝相が悪いので、たまにお母さんが布団を直しに来てくれるのだ。彼はされるに任せて目を閉じた。

足元の辺りの布団をまさぐるその手は徐々に腰の方へ、そして腹、胸へと移動する。そこで彼は違和感を覚えた。その二つの手が、布団の上から彼の体をゆっくりと撫で回し始めたのだ。普段のお母さんならそんなことはしない。そう思う間にも手の動きはだんだんと速くなり、ついには彼の体をぐちゃぐちゃにかき回しだした。

驚いた彼は慌てて身を起こそうとしたのだが、どうしたことか体が動かない。見るとその黒い影は身を屈めて彼の体に二本の腕を伸ばしている。手は彼の体を乱暴に撫で繰り回しながら更に上へと伸ばされる。

こいつ誰だ？

得体の知れない何者かに布団の上から体を激しく触られている。急に怖くなった。抵抗しようともがくのだが、体が動かないのでどうすることも出来ない。

二本の手は腹から胸を散々ぐちゃぐちゃにした後、今度は彼の顔に伸びた。激しく顔中を撫で回す。その手は大きくごつごつとした、皺(しわ)だらけの男のものだった。

わあっ、やめてくれえ！　そう叫ぼうとしたのだが声は一切出ない。手は執拗に顔中をかき回し続ける。目も開けられない。息苦しい。何が何だか分からず混乱する。ただ全身を硬直させてその不快な感触に耐えるしかない。

やめてくれ、やめてくれ、やめてくれえ！

何度も心の中で叫び続ける。そうして何度目かの声にならない叫びを上げた瞬間、漸(ようや)くその手が顔から離れた。はっとして見ると、影はくるりと向きを変えて部屋から出て行くところだった。その黒い背中はどことなく寂し気に見えた。

翌朝、隆弘君はお母さんに昨夜のことを話した。するとお母さんは言った。

「それってお祖父ちゃんじゃない？」

お祖父ちゃんはここ数か月間、入院していた。ほとんど意識が無い状態で、医者からももう長くはないと言われている。だからお祖父ちゃんであるはずはない。

だが、お母さんのその言葉に隆弘君はどきっとした。顔を触られた時のあの感触、言われてみれば確かにあれはお祖父ちゃんの手だったのだ。

隆弘君はお祖父ちゃんが大好きだった。意識が無くなってからも、彼は毎週病院に見舞うことを忘れなかった。

死期を悟った人は、亡くなる前に親しい人の許へ別れを告げに現れるという話を聞いたことがある。昨夜来たのがお祖父ちゃんだということは、もしかして最後のお別れを言いに来たのではないのか。そう考えると彼は不安で堪らなくなった。今日、学校が終わったら、急いで病院に行こう。彼はそう思いながら家を出た。

その昼休み、休憩時間は滅多に顔を出さない担任の先生が教室に入ってくるのを目にした時、隆弘君は悟った。間に合わなかったと。

やはりお祖父ちゃんはお別れを言いに来たのだ。ところがそれを拒んでしまった。取り返しのつかないことをしてしまったのかもしれない。

お祖父ちゃんはきっと寂しかったのだ。お祖父ちゃんは日を追って意識不明になっていったので、最後に話したのはいつだったのか、何を話したのか、それも判然としない。お祖父ちゃんは最後に何を言いたかったのだろう。何を思って逝ったのだろう。彼は心の中で一気にそれだけのことを捲し立てると、ただ詫びた。先生の言葉はほとんど耳に入らなかった。

数日のうちに通夜、葬式が慌ただしく執り行われた。その後もしばらく両親はばたばたと忙しくしていたようだが、隆弘君はすぐに日常に戻った。

そんなある日の夜、ベッドで寝ていると、ふと目が覚めた。開いた戸から廊下の明かりが薄く照らしている。そこにまたあの影が立っていた。

「お祖父ちゃん？」

そう言おうとしたのだが、今回も声は出せず、また、体も動かなかった。影はまた足首の辺りから彼の体を触り始めた。少しずつ上へと動き始め、顔へと達する。

節くれ立った二つの掌(てのひら)が隆弘君の顔の上をめちゃくちゃに滑る。まるで荒波の中で振り回されるようだ。お祖父ちゃんだと解っていても耐えられない。

隆弘君はまた思わず心の中で「やめてくれ！」と叫んでいた。

不意に両手が顔から離れたかと思うと、影はこちらに背を向けて部屋から出て行った。やはり寂しそうな背中だった。隆弘君は何と声を掛けて良いのか分からず、ただそれを見送るしかなかった。

翌朝、彼は後ろめたい気持ちのまま目が覚めた。どうすれば良かったんだろう。今度お祖父ちゃんが来たらどうすれば。誰にも言えぬまま、ただ一人でそればかり考えている内に、夜を迎えた。お祖父ちゃんは来なかった。次の夜も、その次の夜も、お祖父ちゃんが来ることはなかった。

そうして数週間が過ぎ、もうお祖父ちゃんは来ないのだと思い始めた矢先のこと。やはり夜だった。お祖父ちゃんは来た。隆弘君の体から顔へと手を動かしつつ触りたくる。まるで頭の中にまで手を突っ込まれて混ぜ繰り返されるような感覚。耐えられるものではない。

「やめてくれえ！」

心の中で、大声で叫びまくり、隆弘君はその手から逃れた。寂しそうな後ろ姿を見送る。

結局何も出来ない。

翌朝、あれから二度もお祖父ちゃんが来たことをお母さんに話した。お母さんは熱心に聞いてくれた。そうする内に、お祖父ちゃんが訪れるのはいずれも忌日の前夜であることに思い至った。つまり前回が初七日の前の夜、今回は四十九日の前の夜ということである。初七日の法要は葬式の際にやってしまっていたし、四十九日もその当日の直前の日曜日に済ませてあったので、すぐには結びつかなかったのだ。考えてみればお祖父ちゃんが最初に来たのも亡くなる前の夜であった。

もしそういうことなら、次に来るのは一周忌の前夜ということになる。

隆弘君は悩んだ。お祖父ちゃんが来たらどうすればいいのか。何かしようにも体は動かないし、声も出ない。我慢すればいいのか。でもあの感覚には耐えられない。

答えが出ないまま月日は過ぎ、お祖父ちゃんの命日の前夜を迎えた。

考えあぐねた末、隆弘君は他の部屋で寝た。お祖父ちゃんは来なかった。

それ以来、隆弘君はお祖父ちゃんの忌日には、常に他の部屋で寝るようにした。

お祖父ちゃんが来ることは二度となかった。

実家を出た現在では忌日を気にすることも無くなったが、大好きなお祖父ちゃんの思いを蔑ろにしているようで、今でも彼の心から後ろめたさが消えることはない。

新築祝い

その日の昼下がり、大学生の莉奈さんは久しぶりに実家に帰っていた。家の建て替えが終わったので、様子を見に来たのだ。

少し遅れて姉夫婦も到着した。一歳半になる息子の祐くんも一緒である。おかげで両親だけが静かに暮らしている家はいつもと違ってとても賑やかになった。

すっかり様変わりした家の中を全員でくまなく見て回った後は、幼い祐くんが座の主役だ。莉奈さんの両親にとっては初孫である。父も母も先を争うように祐くんを抱き、莉奈さんが抱いた後はまた母の手へ。人懐こい祐くんは大はしゃぎできゃっきゃっと笑い声を挙げる。それを皆で囲んで写真を撮り、また抱き上げる。そんな調子なので、日が傾く頃には祐くんも疲れてしまったのか、ぐずり始めた。

そこで姉が祐くんを廊下の奥にある和室に寝かせに行った。

しばらくして、祐くんを寝かしつけた姉が戻ってくると、そこからはリビングで食事をしながらの四方山(よもやま)話に花が咲いた。

と突然、奥の部屋からけたたましい絶叫が聞こえてきた。祐くんだ。五人は顔を見合わせ、和室へ駆け付けた。

豆電球の下、床に敷いた布団の上で祐くんが泣き叫んでいる。その周りを真っ黒い影がみっちりと取り囲み、じっと見下ろしていた。

部屋に飛び込んだ全員が息を飲んで固まる中、莉奈さんの母がその黒い影に向かって突進した。影を掻き分けるようにして孫の寝ている蒲団に飛び込むと、孫を抱きかかえ、叫んだ。

「どっか行ってえ！」

気が付くと影は消えていた。

莉奈さんも姉夫婦も急いで二人の元に駆け寄った。父が電気をつけてくれた。

祐くんは無事だ。部屋にも変わったところはどこにもない。

ただ泣き続ける自分の孫を抱く母だけが、ひどくやつれて見えた。

深泥池の話

歴史と伝統に彩られた古都、京都。

世界中から観光客が訪れる、日本有数の観光都市である。二条城、鹿苑寺、伏見稲荷大社、嵐山など、名所旧跡には事欠かない。

その裏で、心霊スポットと称される場所も少なくない。これも古都ならではと言えるのかもしれない。

そんな京都の有名な心霊スポットの一つに深泥池がある。

ここは貴重な動植物の宝庫として国の天然記念物に指定されている一方、過去には幽霊を乗せたタクシーの話が新聞を賑わせたこともあり、また説経節で有名な小栗判官と美女に化けた大蛇の恋愛譚など、様々な伝説の残る地でもある。

現在では整備も進み、周りを取り巻く遊歩道を歩けば澄んだ池とその周りに茂る稀少な植物や、池を囲むように広がる高山やチンコ山の緑を美しく眺めることができる。晴れた日などハイキングには最適だ。

だが以前は、人の背丈ほどある雑草が鬱蒼と生い茂る、何人も寄せ付けぬ自然の城塞の様相を呈していた。

柏崎さんが大学生だった頃の話である。京都で一人暮らしをしていた彼は、週末の夜は付き合っている陽子さんと一緒に愛車でドライブに出かけるのが常だった。

その週末もドライブに出掛けた二人だったが、途中、柏崎さんはトイレに行きたくて堪らなくなった。

今ならコンビニに立ち寄って、となるのだろうが、当時その界隈にそのようなものはなく、我慢できなくなった彼は適当なところに車を止めて、道端で済ませることにした。

眉間に皺を寄せて、あからさまに嫌悪を表す陽子さんを尻目に、柏崎さんはちょうど良い場所を探しながらアクセルを踏んだ。そうして見つけたのが、たまたま通りかかった深泥池だった。

幽霊が出ると噂される池だとは知らなかった彼は、おあつらえ向きの場所があったとばかりに車を道路端に寄せて止め、「ちょっと待ってて」と陽子さんに告げると、車から降りた。

池の周囲は街灯もなく真っ暗だ。その闇の中を数歩も行くと背の高い雑草に阻まれてそれ以上進めなくなる。周りに誰もいないことを確かめると、彼はズボンのジッパーに手をやった。とその時、右の方の茂みからガサガサと大きな音がした。

はっとそちらに目をやる。

草を掻き分けて、髪の長い美しい女が顔を出していた。

目が合う。

予想外のことに呆気に取られている彼に向かって女は手招きをしながら言った。

「柏崎さん、こっちこっち」

女が呼んでいる。そうか、トイレに案内してくれるのか。

そう思った彼は、女に近づいていった。

女が手を差し出す。その手を彼は握る。彼は女に導かれるまま、草の生い茂る深い闇の中へと足を踏み入れた。

その瞬間、彼の後ろでクラクションが二度、激しく鳴らされた。

思わず振り返ると、車の脇に立ってこちらを心配そうに見ている陽子さんが見えた。

「ちょっとどこまで行くのよ！　危ないって、そんな奥まで行ったら！」

「いや、今ほら、この人が呼んでくれてたから……」

陽子さんの方に戻りながらそう言って振り返ると、そこには誰もいない。

「あんた何言ってんのよ、そんなとこに人がいるわけないでしょ」

それもそうだ。こんなところに人がいるはずはない。それになぜ自分の名前を知っているのだ。そう思い至ると急に怖さが込み上げてきて、用を足すのも忘れ、彼は車に駆け戻った。

後で陽子さんに聞いてみると、柏崎さんは池の方に行くなり、一人で草を掻き分けて奥へと入って行こうとしていたという。何度呼んでも答えないので、それでクラクションを鳴らしたのだと。

一九八五年の秋口の話である。

霧の町

山間にある小さな村に住む笹田さんが勤めているのは、山一つ越えた向こうの町にある会社である。

その日は帰りが夜の十一時を過ぎてしまった。

通勤に使っているのは、昼間でも薄ら寂しい山道だ。日が暮れてしまうと他に走る車も滅多になく、真っ暗闇の中をヘッドライトだけを頼りに運転しなくてはならない。まして や深夜も近付いた時刻である。山道に満ちる闇は殊更深く、まるで泥の沼の底を揺蕩(たゆた)うかのようだ。

とはいえ、笹田さんにとっては勝手知ったるいつもの道路、特に何も考えず、カーステレオから流れるラジオをぼんやりと聞き流しながら車を走らせた。

細く曲りくねった山道は、やがて五百メートルほどの開けた直線道路に出る。ものの一分も行けばすぐに左に曲がるカーブに行きあたるはずだ。ところが、三分経ち、五分走ってもカーブは見えない。道路はまっすぐのままだ。景色も先程から変わらず、両側には草原の中に低木がまばらに生えているのが闇の中にぼんやりと見えるのみ。

　道を間違えるはずもなく、またスピードを落として走っている訳でもない。おかしいと彼が思い始めた時、前方に何かが見えた。緑色の壁のようなものが道を遮っている。減速しつつ目を凝らす。煙の塊。霧だろうか。それにしても緑色とは変だ。

　不審に思いながらも笹田さんは霧の中にゆっくりと突っ込んだ。途端に周囲が緑色に染まる。

　山の中のこと、霧が発生するのは珍しいことではない。しかし緑色の霧など聞いたことがない。有毒ガス？　まさか。微かな不安を感じつつも、笹田さんは車を走らせる。相変わらず道路はまっすぐ前に伸びるばかりだ。

　ふと気づくと、いつの間にか道の両側にぽつりぽつりと民家が建っているのが見え始めた。いつも通っているこの道にこんな家が建っているのは見たことが無い。道を間違えたと考えるのが妥当だが、ここまで一本道のはずである。間違えようがない。釈然としないまま進み続けるも、行くほどに家は増えていき、やがてそこは住宅街の様相を呈し始めた。

　緑色に染まる住宅街、建ち並ぶ家々に灯りは無い。空き家のようにひっそりと緑の闇の中に沈んでいる。

こんな場所は知らない。早々にUターンして引き返すべきだろう。だがその光景にはどこか強く惹かれるものがあった。この先はどうなっているのか、この奥には何があるのか、ここ何年も感じたことのないような強い好奇心に突き動かされ、笹田さんは躊躇(ためら)うことなく先へと進んで行った。

しばらく行くと道は徐々に狭くなり、車二台がやっとすれ違える程度の幅になった。犇(ひし)めく家々の間を減速しながら更に進み続ける。間もなく一軒の家に突き当り、道はそこで右に曲がっていた。ハンドルを切って右折し、一〇〇メートルほど行く。すると今度は丁字路に出た。右と左に分かれている。どちらに行っていいのか分からない。そこで笹田さんは左に曲がることにした。ところがその先は行き止まりだった。

止むを得ず、その場で方向転換する。道が狭いため、何度も切り返す必要があった。漸(よう)や く丁字路まで戻り、さっきとは逆の方に少し行くと、そちらもすぐに行き止まりになってしまった。どちらに行っても袋小路になっていたのだ。先に行けないのなら仕方がない。笹田さんは元来た道を戻り始めた。

丁字路を過ぎ、ついさっき右折した曲がり角を逆方向から左折する。そこからは直線道路の筈だ。

ところが、その先はまたしても行き止まりだった。周囲にあるものと似たような作りの家が正面に建って進路を塞いでいる。

いや、そんなはずはない。さっき確かにこの向こうからまっすぐ車を走らせてここに来たはずだ。絶対に間違いはない。ここが行き止まりだということは、一体自分はどこからここに来たというのだ?

半ばパニックになって笹田さんは辺りを見回した。

そこでふと気が付いた。ここに建ち並ぶ家々、その外観はどれも昭和を思わせるものなのだ。自分が小学生だった頃に住んでいた家やその近所に建っていた家と同じ。門のデザイン、その向こうにある玄関の木製の扉、その周りに配された摺(す)りガラス、庭に植えられたキンモクセイ、二階にある物干し、屋根の瓦、そのどれもがどことなく懐かしい。

笹田さんはそっと車の戸を開けて、緑の霧の中に歩み出た。

湿った空気に満たされて、辺りはしんと静まり返っている。どの家も真っ暗で、物干しにも洗濯物など掛けられておらず、人の気配は一切無い。

すぐ横にある家に近付き、中の様子を伺う。物音一つしない。ドアのチャイムを押してみた。音は鳴らなかった。周囲に満ちた静寂がひと際深くなった。視界の隅を霧の塊(かたまり)がゆらりと動く。背筋に冷たいものが走った。急ぎ足で車に戻ると、笹田さんは車をバックさせた。後退しながら先ほどの丁字路まで戻る。だがそこから先はどちらに行っても行き止まりである。出られる道はない。

どうしたらいい？　どうしたらいい？　どうしたらいい？

何も良い考えは浮かばない。ただこの異常な状況に焦燥感が募るばかりだ。

とその時、遠くの方から微かに地響きのような音が聞こえてくることに気が付いた。

少し窓を開けてみる。確かに聞こえる。低く、深く、世界が鳴動するかのような音。

窓を更に開けて顔を外に出してみた。その音はだんだん大きくなってくる。

まるで緑の幕の向こうから巨大な岩石の塊が猛烈な速さでこちらに近付いてきているようだ。この感覚、以前にも経験がある。地震だ。しかも大きい。

ぞっとして慌てて窓を閉める。それでも音はどんどん大きくなってくる。

ついには耳をつんざく轟音（ごうおん）となって、車ごと笹田さんの全身を震わせた。

「うわあああああああっ」

笹田さんは両手で頭を抱え、悲鳴を上げてハンドルに突っ伏した。

「うわあああっ、わあああああっ、うわああああああああっ」

全身を硬直させて、声もかぎりに絶叫する。恐怖が体全体に満ちわたる。傾く家屋、倒れる電柱、ひび割れる道路、自分を乗せたまままるで粘土細工のようにペシャリと潰されるこの車。そんな光景が次々に頭の中で展開される。悲鳴は止まることなく口から溢れ続けた。

「わああ、うわあああ、わあああああああっ」

どれくらいそうしていたのか、我に返ると音は止んでいた。彼は叫ぶのを止め、ゆっくりと顔を上げて周りを見た。しんと静まり返った夜の山道。車はその真ん中に止まっていた。周囲には高々と聳（そび）える木々以外に何もない。前方を照らすヘッドライトの先にはまっすぐに伸びた道路。あの怪しい霧も晴れている。どこか遠くから人の話す声が聞こえると思ったら、それはラジオだった。

笹田さんは恐る恐る車を発進させた。例の直線道路である。周りの景色にも気を配りながら一分ほど走ると、道路はすぐに左に折れた。

いつもの道だ。

笹田さんはそこから一気にアクセルを踏み込み、逃げるように自宅へと帰った。

翌日からも、笹田さんはその道を使って会社と自宅を往復した。その道を通らなければ会社には行けないからだ。

だが、あの夜以来、緑の霧を見ることも、あの住宅街を通ることもない。

風鈴

その日の夕方、加奈さんは十年ぶりに千葉の実家に母を訪ねた。

久々に母の手料理を食べながら、お互いの近況を話したりしていると、時間などすぐに経ってしまう。真夜中も近くなって、加奈さんはかつての自分の部屋で寝床に入った。

ところが、彼女の眠りは左の耳元でけたたましく鳴る鈴の音に妨げられた。ヒステリックなその音に、ゆっくりと目が覚めていく。意識がはっきりするにつれ、それは鈴ではなく風鈴の音であることに彼女は気が付いた。慌てて飛び起きる。が、部屋には誰も居らず、風鈴などどこにもない。音も止んでいる。夢でも見たのかと、彼女は再び布団に入り、眠った。程なくしてまたやかましく鳴り始めた風鈴の音に目が覚めた。辺りを見回す。やはりそこには誰の姿も無い。だが眠るとまた耳元で風鈴が鳴るのだ。

そんなことが明け方まで続き、加奈さんはその夜、まともに眠ることができなかった。

翌朝、眠い目を擦りながら彼女が昨夜のことを話すと、母は妙に感心した様子で言った。

「あんたも聞いたの、風鈴の音」

「え？　お母さんにも聞こえてたの？」

加奈さんも驚いて聞き返す。

「昨日は聞こえなかったけど、夜になると家のあちこちでよく鳴るのよ。あの風鈴ね、お隣の滝本さんのよ。あの人が亡くなってから鳴り始めたんだから」

現在は更地になっているが、隣家には以前滝本さんというお婆さんが住んでいた。滝本さんが亡くなったことは、加奈さんも二年前に電話で母から聞いていた。

加奈さんが幼い頃から、滝本さんは夫婦でそこに住んでいた。滝本さんの旦那さんが亡くなったのは加奈さんが中学生の頃だ。それ以降、お婆さんは一人暮らしになった。息子さんが二人いるそうだが、遠方に住んでいるとのことで、加奈さんは見たことがない。

「滝本さん、寂しかったんだろうねえ。誰も会いに来る人はいなかったみたいだから。お爺ちゃんに先に死なれて以来、ずっと一人だったのよ」

滝本さんは孤独死だった。最初に発見したのは母だ。しばらく姿を見ないことを心配した母が、民生委員にそのことを告げ、二人で一緒に滝本さんの家を訪ねたのだった。滝本さんは居間に敷いた布団の上で横になったまま亡くなっていたという。

そこまでは二年前の電話でも聞いていた。ところが、そこから母は神妙な面持ちでこんな話を語り始めた。

「あの時の電話では言わなかったんだけど、滝本さんが亡くなってるってこと、私、家に入る前から分かってたのよ。というのもね……」

二年前のその夜、寝ている母の耳元で風鈴が鳴った。驚いて起きると、部屋の隅に誰かがじっと佇んでいる。暗くて顔は見えないが、それが滝本さんであることはすぐに分かった。こちらを見ているらしい。視線だけは痛いほど感じる。その右手には風鈴があった。

母が声を掛けようとすると、滝本さんは静かに襖を開けてゆっくりと部屋から立ち去った。母は急いで後を追った。廊下に出ると、滝本さんは既に玄関に立っており、こちらを見ている。闇に埋もれて顔は定かではないが、右手の風鈴だけがやけにはっきりと見えた。

「ちょっと、滝本さん……」

母がそう声を掛けながらそちらに向かうと、滝本さんは玄関の扉を開けて出て行ってしまった。母も少し遅れてそれに続いた。が、既に滝本さんの姿はない。周囲を見回しても暗い夜が広がるばかりだ。諦めて家に入ろうとした時、風鈴の音が聞こえた。振り返ると塀の向こう、お隣の家の縁側の薄暗がりの中に滝本さんは立っていた。顔は見えない。どうしても右手の風鈴にばかり目が行く。

「滝本さん」

母が呼ぶと、滝本さんはゆっくりと左手を前に差し出し、手招きをした。

リン、とまた風鈴が鳴った。

そこで目が覚めた。既に外は明るくなっていた。

胸騒ぎを覚えた母は、急いで民生委員の家に向かった。その後は電話で聞いた通りだ。

「でもどうして風鈴なの？」

加奈さんが疑問を口にすると、母は言った。

「あ、知らなかった？　滝本さん、風鈴がとても好きで、何年か前から季節に関係なく、縁側の軒下に風鈴を吊るしてね、良く晴れた日なんか縁側に座ってじっと聞いてたのよ」

そのため、風鈴の音は年中、隣に住む母にも常に聞こえていた。それが、滝本さんが亡くなってしばらくしてから気が付くと、いつの間にか聞こえなくなっていたという。

「それで、縁側を見たら風鈴が無くなってるのよ。紐が切れて落ちたってこともないみたいだし、誰か身内の人が来て家の中を整理したような感じもしないのよねぇ」

滝本さんが亡くなってから、住む者のないお隣の家は、空き家のまま放置された。だからこそ、風鈴が見当たらなくなったことが母には解せないのだ。

そして半年ほど前、滝本さんの裏手に住むお宅が敷地を拡張するため、その土地と家を買い取った。家はすぐに取り壊された。

加奈さんの実家で夜になると風鈴が鳴り始めたのは、それからだった。

「滝本さん、ずっと住んでいた家を壊されちゃって、行き場に困ってうちに来たのかもしれないねえ。昨日はあんたが久しぶりに帰ってきたから、嬉しくて何度も起こしたんじゃないかな。だから怒らないであげて」

加奈さんの母はそう言って微笑んだ。

その半年後、加奈さんの携帯電話が鳴った。実家の母からだった。

更地になっていたお隣に新しい家が建ったと母は言った。裏のお宅が、滝本さんの家が建っていた場所に離れを作ったのだ。離れといっても立派な一軒の家である。かつて縁側があったのと全く同じ位置に、よく似た縁側が設えられた。

そこはそのお宅のお爺さんの住居として建てられたらしい。お爺さんは母もよく知る人で、道で会った時などにこやかに挨拶をされる、とても感じの良い方である。離れが完成した際も、家族揃ってきちんと挨拶に来られたそうだ。

お爺さんは、その離れに住み始めて一週間で首を吊った。
首を吊ったのは、縁側の軒下だった。

イチゲンさん

こんな地方の裏路地のスナックですから常連さんばっかりなんですよ。それでもたまに何かの弾みで、本当に弾みって感じでイチゲンさんがいらっしゃることがあります。ええ、ええ、たいていは天気予報が外れて土砂降りになったとか、雪でタクシーが掴まらないっていうんですけどね。

そのお客さんがいらっしゃったのは閉店間際の二時前でした。お断りしようと思ったんですが、外は土砂降りで、ちょっと気の毒になりましてね。あと小一時間で閉店ですが……とお知らせしました。

いい、ってボソッと仰って誰もいないカウンターの一番端に座られました。ビールの中瓶を二本ですか、お出ししました。ええ、話はありません。向こうも放っといてくれっていう感じだったんで、こちらも伝票なんか付けるフリだけしてカウンターの中の椅子に座って、テレビを眺めてたんです。

「う」って声がしたんで、見るとその人が顔を赤くしてるんです。酔ったとかじゃないんです。おしぼりでグイグイ首の辺りを擦ってるんですが、それがもう尋常なやりかたじゃない。皮がよれてまくれちまうようなやり方なんです。アレルギーですか？　いえいえ、そんなのとはわけが違いましたよ。

声かけようとしたんですが、なんか面倒なことになりそうなんで暫く放っておくことにしたんです。

ぐぅぐぅぐむむ……。そんな声が続きましてね。なんだか薄気味悪くなったんで、何気なく見たんです。そしたら――。

その男の首元に、消えたり浮いたりしてる痣（あざ）があったんですよ。

こう……人の手、いや、女の手に似たのがシャツの襟ぐりあたりの皮膚に赤痣のように浮かんでたんです。それが顎先に向かって伸びたり引っ込んだり、まるでからかってるみたいにね。

カユイ……カユイ……って、その人は云ってましたけど、ビールを残したまま出ていきました。

それっきりですね、その人は。

墓地裏の店

自分の店を持つ前は、誰でも修行みたいなことをするんですよ。わたしもここを始める前の十年ぐらい、あっちこっちの店で働きました。あんまり大きい店だといろいろなことをさせて貰えないんで、小さいけれど〈名店〉って言われるようなところに頼み込んで修行させてもらってたわけです。

そんななかのひとつでしたね。都内にある店でしたけれど、いつも常連で賑わってましてね。でも、ちょっと変わったところがあるんですよ。その店はカウンターの向こうに小窓があったんですけれど、それは厚い紙で塞がれてたんです。

最初のうちはなんだかわからなかったんですけれど、ある日、ひとりで仕込みに入った時に興味があってめくったんです。そしたら窓の向こうに、ズラッと小さいけれどそれなりの墓地があったんです。つまり、その店は墓地裏にあったんですね。

そこのマスターによると、その墓地は管理してる寺の後継ぎがいなくなってしまったんで、フェンスで囲ったまんまだいぶ経つっていうんです。普通は別の住職が来そうなもんだけど、何か問題があったのか、来ないんです。しかも檀家っていうんですか？　あれも来ない。つまり放りっぱなしなわけで。

　で、ある夜、ボトルの整理をしていたら記名のない結構、高い酒があったんで客に出してたんです。そしたら、その日たまたま遅れてやってきたマスターに叱られましてね。〈それは出しちゃダメだ！〉ってそりゃ、えらい剣幕でした。普段は穏やかな人だったから、こっちもびっくりしちゃってね。慌てて、済みませんって謝ったんですけれど、ボトルの酒はもう少ししか残ってない。

　閉店後、そのボトルの残りを呑ませてもらいました。

『これはな。あの人達用に置いてあったんだよ』って、マスターが小窓を指さすんです。なんでも墓が見捨てられてから店で喧嘩やトラブルが続出したんで、他のお寺に相談したら、ボトルを置いておけって。それで封は開けたものの誰も飲まないボトルをボトルキープするようになったんだそうです。

　でも、わたしが見た時には三分の一ほど減っていたんですよね。『減るんだよ』って云ってました。一年ぐらいできれいに無くなるんだって。

翌日、マスター死んじゃいました。心筋梗塞だったんです。
ええ、店も潰れて、今じゃ墓のあったとこにマンションが建ってますよ。

忘れ物

三年間ほど前になりますかね、常連さんが忘れ物をしたんです。黒い大きめのダッフルバッグでね。

その人は証券会社に勤めていてバブルの時は金払いが良くて、いろいろ豪勢なアソビをした後なんか、ウチに来て楽しそうに話してましたよ。ところがバブルが破裂して、なんでもかんでもが以前のようにいかなくなっちゃった。ところが上客は前と同じような接待を求めてくる。だんだん会社の接待費だけじゃもたなくなってくるんで、自腹を切る……なんてことが続いたんでしょうね。

その常連さんの元気もなくなって顔色も悪くなってきた頃、ふとやってきてそのバッグを忘れていったんです。また取りに来るだろうぐらいに思ってたんですが、それから一向に顔を見せない。

持ってみると意外に重くて、なんかかさばるものが入ってる。さすがに大切なものがあったら困るだろうと中身を確認することにしたんですよ。

店を閉めてから〈よし、開けてみるか〉って決めてジッパーが開くと、なかから人が見てたんです。うわっ！っと思いましたけど、それが全部、人形の首だったんです。

アンティークドールっていうやつですよね。それが全部で九つ入ってました。さすがに気味が悪くて、裏にうっちゃっといたんです。

そしたらある時、常連さんのひとりで女性のお客さんが、なんかトイレに座ってると裏から声がするって云うんです。裏は物置代わりで何もありませんし、彼女もそれは知っているんで不思議がってましたけど、あのバッグを放り込んでおいたのがそこなんでね。

その後も、わたしひとりしかいないのに笑い声っていうか、ラジオのボリュームを小さくしたような聞き取れない程度のぼそぼそ声がしたりね。

いい加減、どこぞに供養に出そうかと思っていたら、持ち主が来たんです。それがもう別人のように痩せてしまって、身なりもぼろぼろなんですよ。前歯なんかなくなっちゃってね。五十過ぎなのに七十ぐらいに見えました。

でね、「ありがとう、もう大丈夫だから」って。

他に客もいなくてね、久しぶりだから呑みたいっていうんで相手したんですけれど、カウンターにバッグから出した人形の首を並べて話しかけるんです。あれには参りましたね。

それで、彼の姿をよくよく見ると、首の辺りに何重にも傷があるんですよ。紐でくくって引きずられたような凄い痕がね。ゾクッとしましたね。

それっきり来ませんよ。生きてるんですかね。

サークル

いろいろな店で働かせて貰いましたけど一番厭だったのは、なぜか自殺したい人ばかりが来る店でしたかね。噂では元は精神病院があった跡地だからだとか処刑場があった場所だからとか聞きましたけど、本当のところはわからないんです。

ただ、とにかく常連さんが死ぬ。そこのマスターはカクテルや料理の腕は抜群なんだけど、どうにも陰気で、なにかもういろいろと諦めちゃった人みたいだったんです。

そういう人の元に集まるからか知りませんが、そもそも常連の話も暗くてね。あそこの医者は年寄りだから金さえ出せばいくらでも薬を出すから、それを飲むと良いとか。家族に早く見つかりすぎて蘇生したけれど、死ぬより胃洗浄のほうが辛いとか、そんな話を酒飲みながら薄笑い半分で話すんです。今まで来ていた客が不意に来なくなって理由を聞くとたいがい亡くなったとか、それも自殺です。

そのうちに、わたしも影響されたんでしょうね。なんだか気鬱になるんですよ。

でもまだ若かったし、なによりも自分はちゃんとした店を持ちたいという夢がありましたからね。なんとか踏ん張れたと思うんです。

　そのうちに常連の間で妙な遊びが流行りだしたんです。〈自分が死んだら～する〉というやつです。つまり、自分が見事自殺に成功したらトイレから出てくるとか、天井を這い回るとか、呑んでる時におまえの後ろに立つとか、トイレで背後からしがみつくとか……。

　なんかそんなことで盛り上がりましてね。わたしは話につかずはなれずで聞き流してましたよ。人間、死ねば終わりなんで、なにかするなんてことはね。


　わたしがそこの店をやめるきっかけになったのは、ある晩、ひとりで閉店間際の洗い物をしているとドアベルが鳴って、カキザキっていう客が入ってきたんです……と思ったんです。いつもの声で〈うぃーす〉って聞こえましたから。顔を上げたら誰も居ないんですよ。あれ？っと思ったらドアがポーンと開いて、それから勢いよくバーンッと閉まったんです。勿論、人なんかいません。

　カキザキさんは、わたしを割と可愛がってくれた人で〈俺が死んだら真っ先におまえに教えてやる〉って云ってた人なんです。開くだけならまだしも、それから閉まるっていうのは、もうねえ。だから翌日、辞めました。

ひとりだち

店が終わると、いつも一人で軽く呑んで帰ることにしています。すぐ家に帰っても、なんか営業の余韻みたいなのが残ってて、却って眠れなかったりすることがあるもんなんです。その点、店で好きな酒、片手に本でも読んでいるとなんとなく店内の熱気が落ち着くと同時に自分のなかの〈熾(おり)〉みたいなのも治まるんですよね。

で、それから帰るんですけれど、たまに後ろの棚から視線を感じるんです。

ああ、またかと思いますけどね――女なんですよ。

酒瓶のラベルの隙間に顔が浮かんでるときがあるんです。会ったことも、名前も知らないような女なんですけどね。歳だって、いまじゃいくつなのか見当も付かない。浮かぶのだって決まった酒瓶じゃないんです。

美人だとは思いますよ、ただ全部をジッと見てみたわけじゃないんでね。

いつも、こっちを覗ってるだけでね、別に何かするってわけじゃないんです。

その女は貰ったんです、いえ、頼んだわけじゃないんです。

昔、修行してた店にいた女で。

バーテンの技術としては当時から名だたる店でした。長いカウンターは二十人ぐらいお客が座れましたしね。賑わってました。そろそろそこを最後に自分の店が持てそうなぐらいには貯金もできていたんで、割と張り切ってましたよ。

そこも店を閉めると形だけミーティングのお疲れ会が少しだけあるんですけれど、そのなかで先輩が〈見えた〉〈見えたか?〉〈ああ、見えた〉って云うんです。どうも棚の酒瓶に女が浮かぶと。で、それが見えるようになると腕も上がって独り立ちのタイミングになるんです。それを聞いた時、私も、よしそれなら自分も早く女の顔が酒瓶に浮かぶように頑張ろうってなりましたよ。

先の、見えたという先輩はマスターから卒業と認められて巣立っていきました。

ところが女が見えた人間の三人にひとりは店で亡くなるらしいってことを、いざ自分の独り立ちの後に教えられましてね。気味が悪かったんですが、いまはこうして生きてるんでとりあえず気にしないようにしています。

ちなみに女が浮いた酒は微妙に甘くなるって話です。勿論、お客さんには云いませんが〈あれ? マスター、酒変わった?〉って云われることが多いもので。

白い子

岩崎さんという男性のお話です。

その日、岩崎さんは取引先の担当と打ち合わせをするため都内某所、初めての街を訪れました。

うららかな日差しを受けて降り立った駅で午後の四時過ぎ、何となく小旅行にでも出かけてきたような気持ちになったのを覚えているそうです。

打ち合わせはさほど時間もかからずに終わり、丁重に挨拶をして表に出て腕時計を見ると、自社に戻るには中途半端な時間。

（どこかで少し時間をやり過ごして直帰だな）

来るときは駅からバスで来たのですが歩くことにしました。

長く緩やかな坂道。似たような作りのテナントビルや、ワンブロックごとに出てくるコンビニ、近くの会社員相手と思われる飲食店が並ぶ狭い通り、時折、道幅いっぱいに車がすれ違っていくくらいで思いのほか静かです。

ぼんやり下っていくと、間もなく右手にある脇道の奥から楽しそうにはしゃぐ子供の声が聞こえ、岩崎さんは声に誘われるように脇道に入りました。

「あれ？」

いつの間にか声は聞こえない。

細い脇道を五、六歩進んだところで、今度は後ろから子供の笑い声が聞こえます。

振り返ると、逆光を受けて黒い影のように見える子供がこちらを見ています。岩崎さんも思わず凝視すると、その視線に気がついたように急に、プイっと顔を背けると、坂道を駆け下りて行きました。

「なぜかわからないんですけど……走って追いかけてたんです」

脇道を戻り坂道に出て見ると、子供が数メートル先で左の脇道に曲がろうとしたのが見える。後をついてビルとビルに挟まれた脇道を抜けるとふいに公園のような広場にでました。そこでは小学生くらいの子供たちが遊んでいます。

見ると近くに、三人掛けのベンチが一つ。

一息つくに都合が良さそうだと思い、岩崎さんは腰を下ろしました。

シンと凪いでいくような不思議な時間が流れます。ザワッとしたのはそんな安心感に目を閉じた瞬間でした。

岩崎さんの左肩に、スーツ越しにもわかるヒヤリと冷たい小さな手が乗ったのです。聞こえていた子供の声はピタリと止み、じっとりとした気配が寄りかかってきて、体が凍えるような寒気が走りました。

動きたくない。眼を開けちゃまずい。

すると強張ったままの岩崎さんの耳元に、ぺちゃぺちゃぺちゃぺちゃ。水の滴る音が聞えました。

途端、閉じた瞼の裏に見えもしない背後の景色がハッキリと浮かび上がりました。得体のしれない真っ白なモノが細い腕を伸ばして絡みついている。全身がズクズクに濡れそぼったそれの、髪の毛が張り付き、異様に膨れ上がった頭部らしきものにある口ともいえぬ小さな穴が閉じたり開いたりしてなにかを言おうとしている……。

『……だぁめ』

ハッキリと言葉が聞こえた瞬間、反射的に岩崎さんは立ちあがり目を開けました。

「！」

周囲に子供の姿はありません。それどころか座っていたはずのベンチも公園のような広場も何一つないのです。

とうに陽は沈み暗くなったビルに挟まれた脇道の入り口で、岩崎さんは茫然としておりました。やがて止まっていた息を吐き出すとともに声が洩れました。

「……嘘だろ」

脇道の入り口は、背丈ほどの錆びた金属の柵囲いがされて入ることすらできなくなっており、足元からは下水の臭いが微かに漂ってきます。先ほど自分が見た景色とはまるで違っていました。

「岩崎さん？」

不意に後ろから呼びかけられ振り向くと、それは先ほど訪れた会社の担当さんでした。

「まだこっちにいらっしゃったんですね」

「……え？　ええ」

「この後、会社お戻りですか？」

「いえ、もう直帰で」

「そうですか。もしお時間大丈夫ならちょっと飲んでいきますか」

「ぜひ」

少しでも明るい気分を取り戻したくて、あまりお酒の飲めない岩崎さんでしたが二つ返事で誘いに乗ったその時。ズボンに何か引っかかったような違和感を覚え目線を落とすと、小さな白い手がスッと柵の下に引っ込むのが見えました。

子供の手……？　無論、柵の向こうには誰もいようはずもなく岩崎さんの顔は引きつりました。

「岩崎さん？」

怪訝な顔をして担当さんが声をかけました。

「あれは――」

柵囲いの向こうに目をやった岩崎さんは、内側一メートルほどの場所に粗末な地蔵を見つけて思わずつぶやきました。

「あぁ。奥にマンホールの蓋、見えるでしょ。昔、その下から子供の死体が出たことがあったんですよ」

「え」

「俺も先輩に聞いただけなんで、ほんとかわかんないですよ。真っ白でぶよぶよの死体で、触ったらぼろぼろ肉が崩れちゃったらしいです。かわいそうに。それで供養かなんかでお地蔵さん置いてるそうです」

「……そうですか」

それだけ答えて岩崎さんはその場を離れたそうです。

何か言おうとすれば、近くにうずくまっている子供の形をした白いモノに柵の向こう側へ引きずり込まれるのじゃないかという気がしたのです。

カウントアップ

現在三十六歳の男性、自由業をしている石川さんのお話です。

石川さんは、横浜市の閑静な住宅街の一角、地下階にある三ＬＤＫのマンションを二十代で購入し現在は独り暮らしです。

「アルバイト入社したパチンコ屋で、店長になるのに三年かな。まぁまぁ稼ぎも良かったもんですからいっそ買っちゃおうと思って……そうだ！」

マンション購入時のいきさつを話している最中、石川さんは突然大きな声を出しました。

「全然話変わるんですけど――」


最近のことだそうです。

夜中に手洗いに起きた石川さんは、用を足すと暗いままの廊下に出ました。寒暖差激しい三月、地下にあるためか湿気を帯びた床は、深夜の冷え込みで氷を踏むような冷たさです。

ぶるっと一つ身震いしたとき、脱衣所が目に留まりました。

ボンヤリと灯が差しているように感じたのですが、電気の消し忘れのような光量ではありません。何だと思い、石川さんは確かめることにしたのです。

物音一つ聞えない静けさの中、ゆっくりと閉じたトイレのドアがたてたパタンという音にさえ微かな残響が生まれました。

ピタ……ピタ……脱衣所まで行くと薄暗い光が僅かに動いているのがわかりました。同時に光源が浴室の中にあるということも。

「マンション買ったその年に、風呂場にテレビを設置したのがそのままになってまして」

「それが点きっぱなしになってたんですね」

と、私が思ったことを口に出すと、石川さんはちょっと困った顔をして、

「いや……」

二〇一一年の地デジ化以来、浴室のテレビは使っていないというのです。

しばらくはDVDプレーヤーと接続して再生専用のモニター代わりに使ってみたりしていた時期もあるそうですが、何年も前から、電源を切った状態に放置してありました。

解放されたままの浴室の扉から中を覗くと、

「やっぱり、テレビだったんです」

通電していないはずの浴室のテレビが待機状態でボーッと光っていました。

不思議に思いつつ、なぜ通電したのか確かめようと浴室に踏みこんだ時。

まるで石川さんが中に入ってくるのを待ち受けていたかのように、突然テレビ画面の中央にバラバラバラバラ！　と六桁の真っ赤な数字が現れたのです。

その〈０００００〉を見て、石川さんは息を飲みました。

デジタルタイプの数字は時間を示しているように見え、

「何かの刻限をしらせる数字ではないか」

という考えが浮かんだ時、全身の毛が逆立ちました。

何かの刻限とは……漫画でも小説でも大抵の場合、数字を目にした人物の命の刻限を現しているではないか。しかしすぐに現実に立ち返って、どこから電気が来ているのかを確かめなければとモニターに顔を寄せ、

「……おい、お前は何の数だ」

と独り言をつぶやいた瞬間、並んでいた数字の下二桁が突如動きだしました。

「うわぁ！」

数字は、まず最後の桁が0、1、2、3……と激しく進み、9になると左隣の桁が1をカウント、再び最後の桁が0に、といった具合にカウントアップされていきます。

石川さんはまろぶように浴室から逃げ出し寝室に戻りました。


眠れないまま朝を迎えた石川さんは、浴室のテレビを改めて確認すると、やはり電源は入っていない。画面は黒いままで数字も何も映し出されていません。

「カウントダウンじゃなくて良かったですよ。数字が自分の寿命だったとして、いつ死ぬかわかっちゃうとか、そんなんだったらマジ洒落(しゃれ)になんないじゃないですか」

「でも、数字が動き出したってことは、何かに向けて時が動き出したとも考えられるわけですよね？　何かの数字になったりするとまずいとか……変わったこととかないですか？」

そう問いかけると、石川さんは何かを考えていたようですが、

「いやー、特には……あ！」

その顔から笑顔が消えました。


過日、石川さんを訪ねてみると、目は真っ赤に充血し、頻繁に欠伸(あくび)をかみ殺しています。

「実は――」

ここ何日も真夜中に気がつくと、自分でも知らないうちにブラックアウトしたままの浴室に座って、テレビ画面を瞬きもせずに見つめているのだと白状されました。

いらっしゃいませ

八王子の駅を出てすぐ、テナントビルの地階はオープンスペースで、種類も経営元も異なる、座席数も五人座ればいっぱいという小さな屋台店が何軒もひしめいておりました。

二十年前、Kさんは高校三年生。そのうちの一軒の居酒屋でアルバイトをしていたのですが、斜め向かいにあるハワイアンバルの店長とは気が合い仲が良かったそうです。

ハワイアンバルの店長は、入れ替わりの激しい地階の居酒屋連では一番の古株で歳は二十代後半、穏やかな性格で恰幅がよく、実年齢より十歳は上に見える風貌には人好きのする愛嬌がありました。

夏の終わりのある夜。この日はどの店も開店時から暇でしたが、例のハワイアンバルはまだ一人も来客がなく、入り口に近い席で肩を落として店長が煙草をふかしていました。

少し心配になりましたが、やがてKさんの店も最後のお客さんが帰り、同じバイト仲間のユキちゃんと分担して店じまいにとりかかった矢先のこと。

「いらっしゃいませ！」

ハワイアンバルの店長のひっくり返ったような大声が響きました。ほどなくユキちゃんがカウンターの清掃をしているKさんの所へやってきて、

「店長やばいんだけど」

と言うのです。

ユキちゃんに腕を引っ張られて店先まで出てみると、はす向かいの店内で店長がこちらに背を向け、お客さんと話しています。

「お客さん来たんだと思ったんだけど、誰もいないの。店長いかれちゃったんじゃない?」

「嘘でしょ……店長!」

Kさんは呼びかけてみました。

店長はグイッと体をこちらに向けて少しにらむような顔をして見せたのですが、確かに奥には誰もおりません。

「……大変申し訳ありません……」

Kさんに再び背を向けた店長は、居もしないお客に向かってぺこぺこ頭を下げはじめました。

間もなく一礼した店長はテーブルの正面にあるカウンターの中に入っていったので、K

さんとユキちゃんはハワイアンバルに走っていくと店長をカウンター越しに捕まえ、

「店長、さっきから何やってんすか？」

と話しかけました。と、店長はドリンクを作る手を止めもせず、

「K！　お前こそ何してくれてんだよ。お客さまに失礼だろ」

そう言うと店長は呆けたように顔を上げ、テーブルの辺りに目をやりニコッと微笑んで会釈したので、Kさんも背後を振り返ったのですが誰もいません。

店長はカウンターを出て小走りにテーブルに向かうと乱暴にコップを置いて、

「お待たせいたしました。ああ、気にしないでください。こいつ向かいの店のバイトなんですけど……はい……追加で？」

店長はテーブルに置いたオーダー表にカツカツと乱暴に注文を書付け、またカウンターに入っていこうとするので、Kさんは引き留めて言いました。

「店長しっかりしてくださいよ。お客さんなんていないでしょ」

「いる」

「どこに？」

「……」

店長は無言のままKさんのすぐとなりを指しました。

「ここにいるんですね？　じゃ見て」

Kさんは店長の指さした隣にむけて、両腕でいないいないをするように大きく振って見せると――。

バチン！

側頭部に激しい衝撃が走りました。

「痛っ」

普段、温厚な店長が力一杯にKさんの頭をたたいたのです。

「店長いい加減にしてくださいよ！」

Kさんは店長の肩をつかんで揺さぶるとガクンガクン揺れていましたが、突然我に返ったようにすとんとその場に座り込み、少しして虚ろな目でKさんとユキちゃんを見上げて、

「……お前らなんでここにいるの？　……店は？　あ、お客さん」

「いませんて」

「お前腕ぶんぶん振り回すからお客さんの」

そこまで言うと店長の目は大きく見開かれ、ブルブル震え出しました。

「店長？　どうしたんすか」

「嘘だろ……そいつの顔……目も鼻もなくて……でかい口だけだったわ」

訪問

ＣＭ製作の仕事に従事していたＳさんが、思い切って独立したばかりのころのこと。

彼は都内にアパートを借りて一人暮らしをしていたのですが、それはもう毎日、息もつけぬほど忙しい。そんなＳさんの当時唯一の息抜きというのが「ホラー」だったのだそうです。

Ｓさんのホラー好きは幼いころからだったそうですが、この頃はのめり込むように、ホラー映画や怪奇番組、心霊特集を、時間の許す限り手当たり次第見たり読んだりしていました。

その夜も早朝から仕事で飛び回り、ようやく自宅のある最寄りの駅に着いたのは夜十時過ぎ。それでも早く帰れたと思い、近所のレンタルビデオ屋に立ち寄りました。

「……全部見ちゃってるよな」

ホラーコーナーの棚に並んでいるＶＨＳもＤＶＤも全て見つくしておりました。

店内に人はまばらで、蛍光灯の灯が疲れた目に痛いようにチカチカとちらついています。

なんとなく気分も乗らず、何も借りずに店を出たSさんは、近所のコンビニで買ったパスタの弁当と缶コーヒーをぶら下げて、アパートに帰ってきました。

狭い部屋は寝るだけに帰るのみで、ベランダのガラス戸のカーテンも暫く開けた記憶がありません。撮影後に編集作業が立て込めば泊まり込んで帰れないことも珍しくはないのです。

着替えてソファに座り、テーブルに置いた弁当の蓋を開けると、プラスチックの蓋の内側に着いた水滴がぽたぽたとこぼれてペペロンチーノの香りが鼻腔(びこう)をつきました。

(シャワー浴びて……明日は何時起きだったっけ)

無造作にぬるくなったパスタを口に押し込みながら、頭はやはり仕事の事でまだぐるぐると活発に動いているのが、我ながらおかしくなってクスッと笑うとほんの少し肩の力が抜けたような気がしました。

(あ、明日は午後から打ち合わせが一件だけだ)

全休とはいかないまでも、当時のSさんにとっては休日と言ってもいいくらいの予定だったのを思い出し俄然テンションが上がりました。

思い出したように味覚がハッキリとし、ようやくフル回転していた頭も落ち着いてくると、その日テレビで大好きな怪談系の番組がかかっているのを思い出しました。慌ててテレビをつけてチャンネルを合わせると、まさに今始まったばかりでした。

「ラッキー」

思わず独り言ちるくらい気分が良かったそうです。

夢中になってテレビにかじりついていると、空腹の所に辛みの効いたパスタとコーヒーを流し込んだせいでしょうか、急激な便意が襲ってきました。

(まだ番組は途中だし……ここで見逃すのは惜しい)

もう少し、と我慢してみたものの止むを得ず、音声を大きくすると駆け込んだトイレのドアを全開のまま、便座に腰を下ろしました。

テレビの音はハッキリと聞こえます。Sさんは両ひざに両肘(ひじ)を乗せた前かがみのスタイルで、テレビの音声に耳を傾けていました。

『……の外に誰かがいるんですよ。俺一人暮らしなのに。変だなって思うじゃないですか』

出演者の体験談が話されている様子。

『一人暮らしの男性が仕事終わりに部屋に帰ってくると、誰もいないはずの部屋に自分以外の何者かの気配がある。気のせいだろうと高をくくっていると、窓の向こうから視線を感じて、得体のしれない蠢く影があった。その影がカーテンの僅かな隙間から部屋に入ってきて……』

トイレという個室で映像を見ていないSさんの頭の中では、いつしか体験者の話は自分自身の話のように思え、体験者の部屋は自分の部屋のことのように感じられます。

想像は際限なく広がり細部にわたってより具体的なイメージが膨らんでいきます。

(こんな楽しみ方もあるか)

ホラージャンキーを自認していたSさんは、子供のころ初めてホラー番組を見た時のようなぞくぞくする感覚を覚え嬉しくなりました。その時。

ドアの外に、何かが過ぎった気配を感じました。

(え?　なに?)

便座に座ったままのSさんは、トイレからそっと顔だけ出す恰好で部屋の様子を伺おうとすると——。

今度は、部屋の奥から「ギリッギリッ」と何かがきしんでいるような音が響いてくる。

強い力で物を引っ張るような音。

あわてて立ち上がり身支度を直そうとしたSさんの首の後ろに、突然激しい衝撃——。

（後ろ？）

と思った時、今度は右肩の肩甲骨の辺りに鋭利な刃物を突き立てられたような強い痛みが走り、同時にSさんの意識はブツンと途切れてしまいました。

ハッと意識を取り戻した時、Sさんはトイレの前の床に顔を押し付けた状態で崩れ落ちていました。恐々立ち上がりトイレを出たSさんは、部屋の様子を見てギョッとしたと言います。

ベランダのカーテンが、レールごと無残にはぎとられて床に落ちていたのです。

咄嗟（とっさ）に思ったのが侵入者の存在でした。けれども、玄関もベランダも窓にもちゃんと鍵がかかっています。

時計を見ると、さほど時間は経っていないのがわかりました。トイレに入ってからまだ五分も経ってはいなかったのです。不思議なことにテレビは電源が切れていました。

何が起きたのか理解できなかったそうですが、侵入者でないとわかってホッとした途端、右肩に強烈な痛みが戻りました。シャツがべっとりと濡れているのを感じたSさんは、すぐに上半身裸になってそっと痛む箇所に触れてみると、指先に真っ赤な血がついています。

浴室の鏡で確認すると、巨大な爪でひっかいたような大きな傷が三本の筋を作っていました。

トイレで倒れた時にどこかにぶつけてこすったのかもしれないと、倒れた時と同じような格好で再現してみたりしたのですが、その位置に傷がつきそうなでっぱりも可能性もありませんでした。

Sさんは思い出しました。倒れる直前に視界の端に垣間見たものを。

「人間じゃなかったんです。トイレの入り口の外側にくねくねと揺れながら立ってたモノがいたんですよ、強烈な悪意を感じて恐怖が極まったあの時——そいつ嬉しそうなのがわかったんです。テレビから聞こえていた体験談と同じように——いったい何が自分の部屋に入って来たのか、思い出すと今でもぞっとします」

悲鳴

「気にも留めてなかったんです、娘が何の声か訊いてくるまで……」

宮本さんという主婦の体験談です。


七年前、家族三人で二年ほど住んだ埼玉県の４ＬＤＫの中古の一軒家でのこと。

当時十歳だった娘のサオリちゃんは小学校から帰ってくると、宮本さんの傍に来て一緒にテレビを見ていたり、本を読んでいたりしているおとなしい子でした。

「お母さん、あれ何の声かな」

ある日、帰宅後そうそうにサオリちゃんが眉をひそめて訊いてきました。

「声？　外？」

「なんか嫌な声。あ、また聞こえる」

言われて、宮本さんは耳を澄ませてみました。色々な音が聞えました。

外で子供たちが遊んでいる笑い声や、車のエンジン音、遠くの工事現場からは重い金属がぶつかったり、こすれたりする音、カラスの鳴き声、ヘリコプターのプロペラの音……そしてこの時微かに聞こえたのは近所の家で掃除機をかける音でした。

「これ？」

「うん」

「声みたいね」

「声じゃないの？」

「これ掃除機かけてる音よ」

掃除機が作動している音は遠くで聞くと吸気音の高音が際立つのでしょう。音が遠くなったり近くなったりすると妙な調子を生むし、ひょっとすると甲高い人の声に聞こえなくもありません。……そんなやり取りがあったからかもしれませんが、その時から宮本さんは何気なく聞いていた様々な物音がうるさく思うようになり、何をしていても気が散って仕方なくなりました。

四六時中溢れかえる音の中で溺れそうな感覚に見舞われ、体も心も疲弊していきました。

一週間ほど経ったころ。その日も夕方の五時過ぎ、いつも以上に薄暗く感じられるリビングで、明かりもつけず、カーテンも開けたまま倦怠感に襲われソファに座ってボーっと時間をやり過ごしていると、サオリちゃんが来て横に座りました。どこかから掃除機をかける音が聞こえています。

「お母さん、音がうるさい……」

「……あんたも？　困ったね。お母さんもうずっとそうなの」

「あの掃除機の音が聞こえてくるとね……」

「なぁに？」

「……怒らない？」

「なんで？」

「……ひどいことだから」

「ひどいことって？　怒らないから言ってごらん」

思い詰めたようなサオリちゃんの目には今にも零れ落ちそうな涙が揺れています。

「部屋にいるの……真っ暗な部屋」

どうやら掃除機の音が引き金になってサオリちゃんの脳裏にはある想像が生まれるらしいのです。

「私なんだけど私じゃなくて、でもその私じゃない私がね、細い紐でね、ぐるぐる巻きにされ首が……ちぎれちゃいそうなの」

そこまで言うとサオリちゃんは泣き出してしまいました。

「サオリ」

「あ、あ、ヤダ！　また聞こえてる！　ヤダ！」

掃除機の音。すると普段おとなしいサオリちゃんが両耳を押さえて取り乱し始めました。

その暴れ方は見ていてそら恐ろしくなるような激しさで宮本さんは必死で押さえつけようとしますが、子供とは思えない物凄い力で逆らうのです。

「やめろー！　やめろー！」

「サオリ！　しっかりしなさい！　落ち着いて！　お母さんがついてるから」

そう言ってサオリちゃんを強く抱きしめた時、急におとなしくなったので失神したのじゃないかと顔を覗き込むと、サオリちゃんは無表情に宮本さんを見据え、

「聞こえてんだろ。早く助けろよ」

まるで別人のような口調で言い放ったのです。

すると遠くに聞こえていたはずの掃除機の音が急に近くに聞こえ、そうしてはじめてそれが掃除機の音などではないことがわかりました。

『ヒーーッ』

という喉の奥から絞りだされるような人間の断末魔の声。

サオリちゃんがスッと窓を指さしました。

薄暗い窓のガラス面には宮本さんとサオリちゃんと……天井からだらりとぶら下がったひょろ長い大きな影。ハッと部屋の中に目線を戻すも自分と娘以外誰もおりません。

いつの間にか辺りは静まり返り、サオリちゃんも怯えてはいるものの正気を取り戻したようでした。


「あのとき娘には絶対何か乗り移っていたんだと思います」

ご主人の仕事の都合でその後一年もせずに引っ越したそうですが、宮本さんは深刻な表情で声を一段落とすと、

「私たちが住んでた家、私たちが引っ越した後に入った一人暮らしの男の人が……首吊って亡くなってるのが見つかったの」

発見者は隣家の年配のご夫婦でした。……昼夜問わず件の家から掃除機をかける音が聞こえてうるさいから苦情を入れようと訪ねると、中から異臭が立ち込めていてすぐに百十

番通報。警察立会いの下に家に入ると、リビングの天井から男が無残な状態でぶら下がっていたというのです。

「不思議でしょ……それに変なんです。掃除機の音は遺体を発見した日も確かにその家から聞こえてたのに、遺体は死後一週間以上も経っていたって言うんです……」

青い墓

こんな噂を、あなたは知っているだろうか。

ある男性が、渓流釣りを楽しもうとマイカーで隣県の山に出かけた。初めて訪れた地とあって、未舗装の林道はあれども沢へ降りる場所がわからない。男性は山中で行きつ戻りつを繰り返しながら、小道へ手当たり次第に侵入していた。

そんな小道のひとつへ分け入った際、彼は一見すると行き止まりに思える草むらのむこうに、おかしな物体を発見した。

全面を青色に塗られた墓石が、森のまんなかにポツンと建っている。

青といっても鉱石や天然顔料のように自然な色ではない。安価なペンキを無造作に塗りたくったように人工的な色合いだった。そのため男性も最初は墓石だと思わず、ポリバケツか何かだろうと考えていたらしい。興味半分で近づいてみたところ墓碑が彫られているのに気づいて、墓だと理解したのだという。

なぜ、こんな山の奥に一基だけ墓石があるのだろう。しかも毒々しい色を塗られて。

男性は元々の目的である渓流探しを忘れてしばらく青い墓に見入っていたが、ふと墓の周囲に無数の細長い小さなものが落ちているのを見つけた。拾い上げてみると、細長いそれは裁縫で使うマチ針だった。針の先端には青い塗料が付着している。どのマチ針も、針先が青く染まっていた。

青色を塗ったのか、それとも青色を削ったのか。混乱しながらも念のためカメラで撮影でもしようかと思ったその矢先、勢いよく雨が降り出してきた。慌てて車に戻り、今日は下山することに決めた。

釣果(ちょうか)はボウズでも腹は減る。男性はふもとの古びた食堂を目に留めて飛び込んだ。たぬき蕎麦を頼んでまもなく、来客が珍しいのか店の親父が「どこから来た」と話しかけてきた。しばらく世間話をしていたが、山の話題になった途端、親父は「青墓を見つけても絶対に近づいてはいけねえよ」と低い声で言った。

「あれは、近づかねえようにわざわざ青くしたんだからな」

その言葉に驚いた男性がさらに話を聞こうとした直後、地元の人間らしき客数名が騒ぎながら入店してきて、親父は店の奥に引っ込んでしまった。結局それ以上は何も聞けないまま、男性は店をあとにした。

翌年、思い立って再びその山に行ってみたが、墓に続く道はわからなかった。麓の食堂は店を畳んだらしく、駐車場は荒れ放題でガラス窓が割れていた。

それから男性は毎年その山へ出かけているが、今も青い墓は見つかっていない。


青い墓の正体は不明だが「赤い墓」は北海道函館市の外国人墓地に実在する。

赤く染められた墓に眠るのは信濃助治という明治の男である。明治二十七年に函館へ渡ってきた助治は、着物から足袋にいたるまで全身真っ赤ないでたちで号外新聞を撒き、「天下の号外屋」と呼ばれた。住んでいた家も赤く塗っており、墓も本人の遺言によって赤く染められたのだという。あまりに奇妙な色のため「墓の裏に刻まれた碑を音読すると祟られる」「本当の赤墓は墓地の奥に立てられていて、見つけた者は幸運になる」など、さまざまな噂が絶えない。


ドイツには、十六歳で亡くなったキャロラインという女性の墓が本人を模した彫刻の形で立っている。不思議なことに、彼女が亡くなってからおよそ百五十年が経っているにもかかわらず、彫刻にはいつもみずみずしい花が添えられており、一度も枯れていたことがないのだという。しかし誰が交換しているかはいまだ不明で、花を供える者も目撃されていない。付近では「キャロラインの花束」として長らく噂になっているそうだ。

偶然タクシー

こんな噂を、あなたは知っているだろうか。知人の姪御さんから聞いた話だ。

数年前、彼女は自宅から駅前へ向かうためにタクシーを呼んだ。やってきた車両に乗り込んでしばらくすると、運転手がバックミラー越しにチラチラとこちらの顔を伺いながら「三回目ですね」と笑った。

そういえば半年ほど前、同じように駅へ行くためにタクシーを呼んだ時も、同じ運転手だったような記憶がある。彼女が住んでいたのは人口が百万人を超える政令指定都市で、おまけにタクシー会社はその都市で最大手だったから、まあ奇遇といえば奇遇ではある。しかし、確率として低くともありえない話ではない。運転手の担当している区域が彼女の家周辺だとすれば確率はグッと上がるし、駅に行く時間もたいてい同じだから、そこでも同一の運転手に遭遇する確率は増す。とはいっても、いちいちそんな話をするのも野暮な気がして、彼女は「そうですね」とだけ返した。

運転手はそう言って、自分の車に連続で乗ってしまう客が一定数おり、三回、五回など奇数の場合は良いことがあるが、偶数で止まるとあまり良くないのだと教えてくれた。

「どういう理屈かわかりませんが、確かにそうなんです。前に乗せたお客さんも三度目は会社の業績が上向きだと喜んでいたんですが、四度目のときはリストラにあったとかで、おまけに癌が見つかったそうですっかり痩せちゃっててね。五度目はなかったから……」

運転手の話を聞いて、彼女は複雑な心境になった。確かに前回タクシーに乗った時は、離婚と転職が重なりこの世の終わりのような心持ちだったからだ。

別に信じたわけではないが、気分は良くない。その後は駅に着くまでほとんど会話を交わさず、無言でタクシーを降りた。

つい最近、彼女は出張先のある町でタクシーに乗った。「駅まで」と告げるなり、運転席から「確か、四度目ですよね」と声が返ってきた。

あの運転手だった。「会社を移りまして、引っ越したんですよ」と笑っていた。

何も言わず、何も聞かずに彼女は駅前でタクシーを降りた。

今のところおかしなことは起きていないが、毎日が不安でたまらず、もう一度あの町に行ってみようか悩んでいるという。

タクシーといえば、一九七四年の朝日新聞にこのような記事が掲載されている。ある夜、三十代の泥酔客が所沢駅からタクシーに乗車した。運転手は客の指示どおりに都内まで車を走らせたが、いざ目的地に到着すると男は料金二千円あまりを払わないまま逃げ去ってしまった。通報を受けた警官が付近を捜索して男を発見、運転手立会いのもと質問するうち、驚くべき事実が判明した。

六年ほど前、運転手は車に撥ねられた老人を病院まで送り、さらに入院用の着替えなど受け取るために老人の家まで向かったことがあった。その際に家から出てきて礼を述べた老人の息子が、眼前の無賃乗車の客だったのである。泣きながら謝罪する男の姿を見て、運転手は「これもなにかの縁だから」と刑事処分を望まず、警察は男を説諭処分のみで帰宅させたそうである。

同じく一九七四年、バミューダのある町ではこんな出来事が起きている。

一台のタクシーが客を乗せて運転中、原付きバイクに乗った少年を誤って撥ね殺してしまった。バミューダの法律がどのようなものかはわからないが、運転手はその後もタクシードライバーとして働いていたらしい。やがて一年後、タクシーはおなじ町で客を乗せる。客が乗りこんでくるなり運転手はとても驚いた。なんと、その客は一年前の事故を起こした日に乗っていた人物だったのである。偶然があるのかと思いながら、事故の起きた道にさしかかった直後、タクシーは再び原付きバイクに乗った少年を撥ね、死亡させてしまった。のちの調べで、一年前に死んだ少年と今回亡くなった少年は実の兄弟であることが判明したという。

二〇〇〇年、埼玉県でタクシーに乗った男性客が「運賃メーターをいじっただろ」と言いがかりをつけたうえ、運転手に暴行を加えて十日間の怪我を負わせたまま逃走した。犯人が見つからないまま一年が過ぎたある日、この男はたまたま同じタクシーに乗ってしまう。正体に気づいた運転手に問い詰められると男はすぐに下車して逃げたが、およそ十日後に逮捕された。男が乗車した場所は、前回乗車した場所とはまったく別なエリアだったという。

奇遇な話

先に紹介したタクシーの不思議な話などは、一般的に「偶然の一致」と呼ばれる。しかし、心理学者のユングはこれを偶然ではなく「集合的無意識が作用し、必然的に引き起こされた出来事」と考え、シンクロニシティ（意味のある偶然）と命名した。

ユングが語るシンクロニシティの逸話でもっとも有名なのは、フランスの詩人エミール・デシャンにまつわるものだろう。一八〇五年、若きデシャンはドゥ・フォルジュボーという男性からイギリスで伝統的な菓子であるプラム・プディングをご馳走になった。初めて食べたその味にデシャンはいたく感激したが、その後しばらくプラム・プディングを口にする機会はなかった。

十年後、パリを訪れたデシャンはふと目に留めたレストランのメニューにプラム・プディングの文字を発見する。懐かしい味を楽しもうと入店したデシャンだったが、給仕は「プラム・プディングは最後の一皿、それもすでに予約が入っているのだ」と詫びた。落胆しつつも「では予約したのはどのような人物だろう」と興味にかられたデシャンはその人物が来るのをひそかに待った。すると店にやってきたのは、なんと自分にプラム・プディングを教えたドゥ・フォルジュボーその人だったのである。

それからさらに十七年後、ある集まりに参加したデシャンはプラム・プディングを注文し、「これでフォルジュボーがこの場所にいれば完璧なんだが」と笑った。その直後に玄関のドアが開き、遅刻を詫びながらフォルジュボーが入ってきたのだった。もちろんデシャンもフォルジュボーも、お互いがこの席に招かれていることはまるで知らなかった。

このような「信じがたい偶然の一致」は、私たちの身のまわりに数多く存在する。個人的には幻覚や見間違いで説明がつく幽霊よりも、よほど不思議だと思うのだが。

ここでは私のコレクションから選り抜いた「あまりに奇遇な話」をご紹介したい。

アメリカの作家マーク・トウェインは一八三五年、ハレー彗星が地球で観測された直後に誕生している。トウェイン自身もこの事実をたいそう気に入っており、生前に「私はハレー彗星によってこの世にもたらされた。だから私が死ぬ時はハレー彗星が連れ去ってくれるんだよ」と述べていた。
奇しくも彼の言葉は現実になった。一九一〇年十一月、七十六年ぶりにハレー彗星が目撃された翌日、マーク・トウェインはこの世を去っているのだ。

アメリカの雑誌『タイム』が一九三八年、デトロイトで起こった奇妙な事故を報じている。一九三七年、街を歩いていたジョセフ・フィグロックという男性は叫び声に気づいて思わず上を見上げた。視線の先には、なんとこちらへ落ちてくる赤ん坊。母親の不注意によって高層階の窓から落下してしまったのだ。フィグロックはとっさに赤ん坊をキャッチしようと試み、見事に受け止めた。
それから一年後、路地を掃除していたフィグロックは、再び誤って窓から落下する赤ん坊に気がつき、とっさに受けとめた。赤ん坊はわずかに負傷したものの命に別状はなく、フィグロックは「人生で二度、落ちてくる赤ん坊を救った男」という、なんとも偶然に満ちた称号を得たのである。

『裸者と死者』で知られるアメリカの作家ノーマン・メイラーは一九五〇年、『バーバリの岸辺』という小説を書き始めた。メイラーは登場人物の一人にアメリカに潜伏するソヴィエトのスパイを設定したが、当初このスパイはあまり活躍する予定ではなかった。しかし書き進めていくうちにメイラーはこのスパイに妙な親近感を覚え、次第に物語の中心人物として活躍させる展開へと筋書きを変えていく。なぜそのようにしたのかは、メイラー自身もよくわからなかった。

『バーバリの岸辺』が刊行された数年後のある日、メイラーはアパートのちょうど真上の部屋がやけに騒がしいのに気づく。上の階には画家を名乗る男が住んでいるはずだった。興味の赴くまま訪ねてみると、そこには警官が大勢かけつけており「あなたの上の部屋に暮らす男は逮捕されましたよ」と教えてくれた。

逮捕された男は画家ではなかった。彼の本名はルドルフ・イヴァノヴィッチ・アベル。アメリカの軍事情報を盗むために入国したソヴィエトのスパイだったのである。アベルの諜報活動は、メイラーが作中で書いた人物の行動に驚くほどそっくりだったという。

一九六四年、アメリカのニュージャージー州で車を運転していたマイルズ・ルーカスという老人は、誤って赤信号の交差点に侵入し、トラックに真横から追突されてしまった。

車は大きく跳ね飛ばされて交差点の脇にある墓地へと飛びこみ、墓石にぶつかって停止。ルーカスは全身を強く打った衝撃で即死した。

車が激突した墓石には「マイルズ・ルーカス、ここに眠る」との文字が刻まれていた。奇しくも同姓同名の人間の墓石によって、彼は命を落としたのである。

一九七五年、イギリスに住むジョン・モーフォスという高齢の男性が胸の痛みを訴え、病院へと運び込まれた。医師や看護婦が懸命に処置を施したが、その甲斐もなくジョンはまもなく心臓発作で死亡した。

さて、ジョンが死んだのとほぼ同時刻、八十マイルほど離れた場所に住むアーサー・モーフォスという男性が同じように胸が痛いと病院に担ぎ込まれていた。こちらも医師らが必死の救命措置を施したにもかかわらず、心臓発作で亡くなってしまった。死亡時刻はジョンとまったくおなじだった。

ちなみにジョンとアーサーは双子の兄弟だった。遠く離れた土地で、連絡も長いあいだ取らぬままそれぞれ暮らしていたため、当の二人もその家族も、それぞれの病については何も知らなかったという。

一九九一年の西日本新聞によれば四月某日、宮城県のある町で火災が発生し、小学生と中学生の姉妹ふたりが焼死した。彼女たちの父親は長距離トラックの運転手で、その日は西日本から東京方面に向かって走行している最中だった。当時は今と違い携帯電話が普及していなかったため、運送会社は翌朝定時の連絡をする際に、娘たちが亡くなったと伝える予定だった。しかし翌日明け方、父親の運転するトラックは高速自動車道で他のトラックと接触し、ガードレールを破って側道に転落。結局、父親は火災も娘の死も知ることがないまま即死したのだった。

イギリスのバーミンガムに暮らすジェイソンとジェニーの夫妻は、二〇〇一年九月十一日、飛行機テロでワールド・トレード・センタービルが崩壊したまさしくその日、旅行でニューヨークに滞在していたが、幸運なことに二人に被害はなかった。

四年後の二〇〇五年七月、ジェイソン夫妻は自爆テロにより地下鉄とバスが爆破され、五十二人が死亡した当日、観光でロンドンに滞在していた。幸いにも二人は無事だった。

三年後の二〇〇八年十一月、インドのムンバイで同時多発テロが発生、百七十人を超える死者が発生した日、夫妻はムンバイを旅していた。もちろん、無傷だった。

似たような「不幸中の幸い」は、ドイツ人のサイクリストのマルテン・ヨンゲにも起こっている。彼は二〇一四年、ちょっとした気まぐれから予約していたマレーシア航空の便をキャンセルし、一時間ほど前のフライトに変更した。彼が登場する予定だった飛行機は飛行中に突然消息を断ち、現在も発見されていない。

同じ年、彼は再び妙な予感にかられ、航空機のチケットを格安のフライトに変更した。搭乗予定だった機は飛行中にウクライナ上空で撃墜され、乗客乗員全員が死亡している。

ファフロッキーズ

映画『マグノリア』の劇中に、なんとも不思議なシーンがある。物語の終盤で、空から大量のカエルが降ってくるのだ。

これは《ファフロッキーズ》と呼ばれる、空から物体が降ってくる現象である。古くは旧約聖書に記録が残されており、日本では「怪雨」と呼ばれて恐れられていた。落下してくる物体も『マグノリア』で描かれたカエルのみならず、ナマズや亀、ワニなどの生物から巨大な氷塊や金属のかたまり、大量の紙幣など様々なものがある。

原因は「竜巻に吹き上げられた」「鳥が落とした」「実は降ったのではなく、付近で大量発生した」など諸説あるが、いまだにこれが正解だという結論は出ていない。

国内で起こった有名な《ファフロッキーズ》は二〇〇九年、石川県で大量のオタマジャクシが空から降ってきた出来事が挙げられる。この際は連日マスコミが押しかけるほどの騒ぎになったが、最終的には専門家によって「サギなどの鳥類が飛翔中に餌のオタマジャクシを吐き出したのではないか」と結論付けられている。その一方、「百匹以上というのは考えにくい」との反論も出ている。

二〇一五年には、東京町田市でビルの屋上にいた男性が空から降ってくる魚を目撃してニュースになった。これも「鳥によるものではないか」と一応の決着を見ている。

海外では二〇一〇年、オーストラリア北部にある砂漠の町に魚が雨のように降るという事件が起こり、イギリス『デイリー・メール』が詳細を報じている。同紙によれば、この町はもっとも近い河川からおよそ五百キロ以上離れているにもかかわらず、落下してきた数百匹の魚は住民が発見した際、まだ生きていたという。

二〇一一年にはアフリカ南部のナミビアにある草原へ、巨大な金属球が落ちてきた。鉄球は直径およそ三十センチ以上、重さは六キロにもなるもので、ふたつの半球を溶接でつなぎ合わせたような形状であったという。上空を飛んでいた飛行機からの落下報告などもなく、困ったナミビア当局は「ＮＡＳＡ（米航空宇宙局）と欧州宇宙機関に調査を依頼した」と発表したものの、続報は届いていない。

似たような「金属の球騒動」は二〇〇五年にアメリカのテキサス州でも起こっている。その瞬間を目撃した人物によれば、金属球が落ちたのは職場の隣にある駐車場で、激しい音に驚いて外に出てみると、金属球がアスファルトに一センチほどめりこんでいたのだという。拾い上げようとしたところ球はかなりの熱を持っていた。上空に飛行機などの姿は見当たらなかったという。この事件も、その後はなぜか報道されていない。

かようにロマンあふれる落下現象だが、個々の事例を見るかぎり、多くは科学的な仮説で説明できるようだ。だが、なかにはどうにも説明がつかないケースもある。

こんな話を、あなたは知っているだろうか。

今から五年ほど前、千葉県に住む男性が自宅の庭掃除をおこなっていたところ、背後でボトンと何かが落下したような鈍い音を聞いた。

柿の実でも落ちたのかと振り返った先にあったのは、首のない和装の人形だった。

人形は一見した感じではずいぶんと古いものと思われ、着物の赤がかなりくすんでいる。頭部は力任せにもぎ取ったような状態で、首の断面がとても気味悪かったという。

男性は「塀の向こうから誰かが投げ込んだのでは」と思い路上に走ったが、表通りには誰の姿もなかった。空を見上げたが飛行機の類はおろか鳥も飛んでおらず、近所の家から放り投げられたとも考えにくかった。

物が物だけにポイと捨てるのも気がひけてしまい、男性は首のない人形を庭の隅にある石灯籠の下に座らせた。そのうちどうにかして処分しようと考えていた。

ところが数日後、男性の叔母にあたる人が訪ねてくるなり、人形に目を留めて「なんでここにあるの」と声をあげた。聞けばその人形は、幼くして死んだ叔母の妹が大切にしていたものだというのである。

「本家の蔵にしまっているはずなのに」

にわかには叔母の話が信じがたく、男性は叔母と一緒に本家へ電話をかけて確認した。すると、蔵の奥に置かれていた叔母の妹の遺品を詰め込んだ長行李がわずかに開き、その人形だけが見当たらないことが判明した。

親戚の中にそのようないたずらをする者はおらず、そもそも男性は、叔母に夭折した妹がいたことも知らなかった。わけがわからぬまま首のない人形は叔母によって引き取られ、再び本家の蔵におさめられた。

ところが、それから一年ごとに、おなじ人形が降ってくるようになった。月日や時間はバラバラだが、気がつくと庭に転がっている。今年も、降ってきたという。

男性によれば「最初は怖かったが、今では慣れてしまった」そうだ。

これも、《ファフロッキーズ》の一種なのだろうか。

侵入者はあなたのそばに

こんな噂を、あなたは知っているだろうか。

ある青年が友人らと連れ立って海水浴に訪れた。岩礁で泳いでいたとき、彼は岩で膝を怪我してしまったが、深い傷ではなかったので気にせずそのまま帰宅した。ところが翌日、膝の痛みがどんどん増し、数日が過ぎる頃には曲げられないほど腫れ上がってしまった。

慌てて病院に駆け込むと、医師は「雑菌が入って化膿したのでしょう。切開します」と局所麻酔をかけて膝にメスを入れた。次の瞬間、医師と見守っていた看護師は絶叫する。彼の膝の皿には、フジツボがびっしりと群生していたのである。岩場で傷つけた際、フジツボの幼生が体内に侵入し、血液を養分にして育っていたのだった……。

これは非常に有名な都市伝説である。そもそも血液と海水では塩分濃度が異なるため、まんがいちフジツボが体内に入り込んでも（それ自体天文学的な確率なのだが）繁殖することはできないのだ。得体の知れない生物の群生、そして自分の体内に何かが寄生するという恐怖が、この噂をメジャーにしたのだろう。

ところが、調べてみるとこの手の噂は全てが作り話というわけでもないようだ。体内に生物が侵入、寄生することは往々にしてあるらしい。目に見えない謎の存在に体を蝕まれていく……まるで「呪い」のような事実を、いくつか紹介しよう。

ＣＮＮ系列局のＫＣＡＬによれば、二〇一三年にアメリカのカリフォルニア州に暮らす四歳の少年は巻き貝に寄生されている。彼は家族で海水浴に出かけた際、ビーチで転んで膝を擦りむいた。その時は絆創膏を貼って終わったのだが、数週間後に膝が大きく腫れあがり、膿が溜まり始めた。病院に連れていったところ「ブドウ球菌感染の恐れがある」と診断、抗生剤を処方されたものの傷は治らず、膝の下には大きな黒い塊が見えるまでになってしまったのだという。

そこで母親が少年の膝を強く押してみたところ、傷口から黒い物体がニュルニュルッと膿に混じって出てきたのである。見てみると、それは小さな黒い巻き貝だった。どうやら怪我を負った際に巻き貝の卵が入り、孵化してしまったらしい。幸い彼はその後後遺症もなく、元気に育っているという。排出された巻き貝は、少年の宝物になっているそうだ。

同じく二〇一三年頃に台湾で起きたこんな事件を、NBCニュースが報じている。ある難聴の女性が強烈な耳の痛みに襲われ、台北市の総合病院を訪れた。彼女が常に耳につけていた補聴器を医師が外すと、耳の中は血まみれの膿だらけだった。原因を探るために小型カメラを耳道に入れてみたところ、映っていたのは鼓膜近くの皮膚を食べる蛆虫の群れだった。その後蛆虫はピンセットで全て摘出され、二週間後には女性の耳は完治したそうだ。

医師によれば、「補聴器が耳の中を温かく保ったため蛆虫が繁殖するのに最適な環境となった可能性がある」という。

イギリスでは、ペルー旅行から帰った直後に、何かをひっかくような音と激しい頭痛に悩まされた女性の耳から蛆虫が摘出されたと「ラエル・サイエンス」誌が紹介している。これはラセンウジバエという蝿の幼虫で、寄生した動物の組織を食べて成長するという。蛆虫は無事に摘出されたが、その数は合計で八匹にものぼったそうだ。

幼虫はハリスさんの耳の組織を一センチほど食いつくし、巣を作っていた。幸い彼女は耳の組織だけで済んだが、ラセンウジバエは顔面神経や血管、脳などを食い荒らす場合もあり、そうなった際は最悪の結果を招くのだという。

CNNが報じたところによると、インドでは二〇一七年、女性の頭蓋骨のすきまに入り込んだゴキブリが生きたまま取り出されている。患者は四十代の女性で、真夜中に突然の頭痛に襲われ病院に駆け込んだ。診察時にはひどい頭痛に加え、呼吸困難も起こしていた。医師が内視鏡で検査したところ、頭の内部に生き物の足らしきものが映っていた。医師は吸引装置と鉗子を使用して頭蓋骨から「生き物らしきもの」を引っ張り出すことに成功。出てきたのは体長およそ三センチのゴキブリで、おまけにこのゴキブリは手足を猛烈に動かしていた。まだ生きていたのである。取り出した直後、女性の呼吸困難はおさまった。

その後の調査で、ゴキブリは女性が病院を訪れる前日に体内へ入り込んでいたらしいと判明した。忌々しい昆虫は鼻腔から潜り込み、鼻と脳の境にある頭蓋底と呼ばれる部分に達したのである。

医師は「もし摘出されていなければそのまま頭の内部で死に、感染症を引き起こして死に至る可能性もあった」と述べ、また「残念ながらこのような事態を防ぐ完璧な方法はない」とも話している。

遺されたもの

近頃、同世代の知人友人に家族の遺品整理をしたことがある者が珍しくなくなってきた。もう五〇歳で親も高齢なのだから、私も覚悟を固めておかねばなるまい。案ずるより産むが易しだと自分に言い聞かせてきたが、しかし先日、埼玉県在住の五つ年上の女性、飯島克子さんからこんな話を聞いて、遺品整理を侮る(あなど)のはやめようと思った。

飯島さんの父と兄夫婦が相次いで亡くなったのは、二〇一六年の師走から翌年一月にかけてのことだった。

まず還暦を迎えたばかりの兄が十二月中旬に自損事故で逝ってしまい、その納骨を済ませた直後に、こんどは兄より八つ年下の義姉が自殺した。するとまた義姉の葬儀が済んだ途端に兄夫婦と同居していた父が急性心不全で死んでしまった。

兄夫婦には子供があったが、二〇年前に自宅の二階のベランダから転落して五歳で亡くなっている。子供を喪(うしな)ったあとも、その東京都多摩市にある一戸建てに兄たちはずっと住みつづけ、一〇年前に母が病死すると、父を呼び寄せて一緒に暮らしはじめた。

飯島さんは兄以外に兄弟姉妹がなく、夫や子供も持っていない。また、血縁者はほとんどが高齢で、しかも全員が遠方に住んでいた。一方、義姉の両親は東京都内で暮らしており、気落ちしてはいるもののまだ六〇代で健康には問題がなかった。必然的に、彼らと飯島さんで遺品を片づけることになった。

約一年前、つまり二〇一七年三月下旬の金曜日に、三人は兄が遺した家に朝から集まった。

義姉の父と飯島さんとで事前に電話で相談し、大事なものを回収したら残りは専門業者に処分してもらうことに決めて、午後には業者を迎え入れる手はずを付けていた。だから飯島さんは、なるべく冷静にテキパキ片づけるつもりでいたのだが、思わぬ邪魔が入って、うまくことが運ばなかったのだという。

「初めは空き巣狙いの泥棒かホームレスが侵入したんだと思いました。ドアを開けたときから天井がミシミシ鳴ってましたから。実際、あちらのお父さんは『おい、誰かいるのか？』と玄関で大声を張りあげました。そうしたら、二階にいた何かが玄関の真正面にある階段を駆け降りてきたんです。やかましく足音を立てて。ところが姿は見えませんでした」

義姉の母は靴を脱ぐこともなく、家の前に駐車しておいた自分の車の中に逃げ戻った。

「私も腰を抜かしそうになりましたよ。でも義姉のお父さんは気丈な人で、『やることをやってしまいましょう』と私に言いました。だから『そうですね』と答えて……」

二人が家の中に入ってからもしばらくの間は、目には見えない複数の人間が歩きまわる気配と足音が盛んにしていた——晩年の父の癖だった咳払い。肥り気味だった兄が床を踏む音。義姉の化粧の匂い——窓をすべて開けて部屋の空気を入れ替えると、それらは次第に静まったという。

飯島さんは、父と兄の日記やビジネス手帳、パソコンやスマホ、手紙類などを回収し、義姉の父は家族のアルバムなどを見つけてきて、門の外に停めた各自の車に運び込んだ。

そのうち義姉の母もおっかなびっくり車から出てきて、作業に加わった。

「二時間ぐらい集中してやっておりましたでしょうか。午前十一頃、私の方はもうすることがなくなったから、義姉のご両親を探したんです」

彼らは義姉の部屋にいた。部屋の隅っこで頭を寄せ集めてしゃがみこんでいる。二人とも沈痛な面持ちをしていて、何か厭な予感がしたが、ドアは開いていたので、飯島さんは「こっちは終わりました。何かお手伝いできることがあれば……」と、あえて明るく声をかけた。

すると二人は飯島さんを振り向き、今まで見ていたものを無言で差し出した。

それは三冊の母子手帳だった。

「ショックでした。私もあちらのご両親も、それまで全然知りませんでしたから。兄たちが最初の子を亡くしてから、新しく子供を作ろうとしていたことがあるなんて」

たぶんあとの子は二人とも流産したのだろう。五歳で死んだ長子の母子手帳だけは出産後の成長も記録されていたが、その他の二冊はどちらも妊娠五ヶ月以降は何も書き込みがされていなかった。そしてどちらも一〇年以上前のものだった。

飯島さんによると、玄関に足を踏み入れたとき二階から下りてきた足音は、五つかそこらの小さな子が三人くらいじゃれ合いながら駆けてきたような感じだったそうだ。

また、兄は車の運転中におそらく居眠りして電柱に激突し、打ちどころが悪くて即死してしまったのだが、その車の中には、なぜかリボンをかけた子供向けのゲームソフトやぬいぐるみの包みが三個あったのだという。

「時季から推して、知り合いのお子さんかお孫さんにあげるつもりでクリスマスプレゼントを買ったのかと思っていましたが、違ったのかもしれません。……兄は、あの家でどんなふうに暮らしていたんでしょうね？　子供たちのことをなぜ私に隠していたのか理由を訊きたいけど、みんな亡くなってしまったから知るよしもありません」

線路沿いの神社にて

埼玉県さいたま市の岩槻駅は東武アーバンパークライン（東武鉄道野田線）の停車駅だ。岩槻は戦国時代からの城下町で、江戸時代には日光御成街道に面した宿場町として栄えた。また、明治初期には県庁所在地の候補にもなった。にもかかわらず、旧・国鉄の駅が作られず、私鉄一本が乗り入れただけだったのは、少し不思議な気がする。

こうなった理由は、一説によると一八八〇年代にこのあたりに日本鉄道会社（旧・国鉄の前身）が鉄路を拓く計画を立てたとき、岩槻の自治体と住民が一丸となって線路敷設に猛反対したからだという。

反対の理由は「汽車が通ると振動や煙のせいで農作物の出来が悪くなる」「街道を通る人々が宿や商店を利用しなくなる」といったもっともらしい理屈から、「蒸気機関車に轢かれた狸が化けて出る・祟る」という俗信の類までさまざまだった。

親の代から生れも育ちも岩槻の、生粋の岩槻っ子、金村詩恩さんによると、

「岩槻駅の近くで、夜、線路に女性がうずくまっているので大丈夫かと声を掛けたところ、

スーッと姿が消えてしまった。幽霊が出たと騒ぎになったが、実は古狸に化かされたのであって、それは幽霊ではなかった」

という民話めいた怪談もあるそうだ。これは、一九二九年に当時の北総鉄道、その後の総武鉄道（合併を経て、現・東武鉄道）の岩槻駅が出来た後に作話されたことが明らかで、当時の民衆の間で新しい文物を恐れる気持ちがいかに強かったかを物語っている。

こういった言説は「鉄道忌避伝説」と呼ばれ、明治時代から各地に見られたが、そのために駅が出来なかった、もしくは路線が敷かれなかったという事実は証拠だてられておらず、今日では一種の都市伝説だと言われている。

鉄道がらみの怪談は大きく分けて二つある。一つは目新しいものへの畏怖心や警戒感が生んだ鉄道忌避伝説的なもの。そしてもう一つは、鉄道の普及が進むにつれて増えた、実際の人の死に基づくものだ。

鉄路は自殺や事故という形で、時折、人の死を招く。鉄道がらみの自殺者や事故死者のお化け話は今や全国各地に数多く存在する。ここ岩槻も例外ではなく、狸に化かされた怪談の他に、昭和六〇年代に電車に飛び込んで自殺した人の幽霊目撃談もある。

今から三〇年ほど前のことだが、岩槻の愛宕神社の境内から、若い女性が東武鉄道の線路に飛び降りて自殺した。その地縛霊が出るのだという。

二〇一八年三月初旬、金村さんに現地を案内してもらった。

平日の午後一時に岩槻駅で待ち合わせして、金村さんにのこのこくっついて行くと、ほんの五分で愛宕神社に到着した。

本殿が建つ高台は、岩槻城の土塁の跡だという。本殿の正面には石段がしつらえられていたが、狭い通路を裏に回り込んでみたら、いきなり切り立った崖になっていて少し驚いた。

高さ五メートルぐらいだろうか。下の方に線路と踏切が見えた。崖の際に転落防止の柵が設けられている。しかし私と金村さんが訪れたときは、柵の途中にある扉が半開きになっていた。

開いた扉に誘われて、そこから線路を眺めた。

飛び降りたら骨の一本や二本折るかもしれないが、死ぬには高さが足りない。でも、電車が走ってくるタイミングで飛べば、きっと彼の世に逝けるだろう。

こんなことを考えていたら、金村さんが「夜ここに来ると、女の人の幽霊が線路の方を向いて佇んでいるそうですよ」と教えてくれた。

命を落とした線路の上ではなく、愛宕神社のこの場所に現れるのだという。死ぬ前に、私のように線路を見おろしながら、散々迷ったのではないか？　飛び降りようか、それともやめようか、と。

さぞ、怖かったに違いない。

なんとなく鳥肌が立って、そそくさとその場を後にし、境内の別の場所を金村さんに案内してもらったり本殿以外のお社に手を合わせたりしてから、次の目的地に移った。

そのときは、何事もなく取材を終えたと思った。

しかし帰宅後、岩槻で手に入れた地図や時刻表、撮影した写真や動画を整理していて、奇妙なことに気がついた。

死んだ女性が眺めていたと思しき景色に、飛び込むことも出来そうな近さで踏切が写っていた。愛宕神社の敷地はけして広くない。境内のどこにいても、電車が通るたびに警報機の音が聞こえるはずだ。

平日の午後一時頃から二時頃までの東武アーバンパークラインの時刻表を見ると、上りも下りも七分前後の間隔で発着している。私たちはその間の三〇分近くを境内で過ごした。

だから、二回か三回は踏切の音を聞いていないとおかしい計算になる。

しかし、聞いた記憶がまったくなかったのだ。

さらに、愛宕神社で録画したいくつかの動画を確認しても、最も長いのは約一〇分もあるというのに、警報機の音が入ったものは一つもなかった。

……霊の仕業なのだろうか。

部屋と幽霊と彼女（一）

実家から独立して最初に住んだ場所というのは、寮であれアパートであれ、誰しも青春のランドマークとして鮮明に記憶しているのではないかと思うが、大木信悟さんのそれは、また違った意味で、忘れたくても忘れられそうにない強烈なしろものだったという。

静岡県の海沿いにある、ＪＲ伊東線の線路脇の三階建てアパート。その二階の二ＤＫが大木さんにとって独立して初めて借りた部屋だった。

まず、最寄り駅にも、プールを備えた海浜公園にも、歩いて五分という立地が気に入った。線路側の部屋の窓と間近を通過する電車の車窓の高さが同じで、室内が乗客から丸見えになるのは困ったことだが、その欠点を補って余りある魅力的な物件だという印象を受けた。

「入居した一六年前（二〇〇二年）の時点で築一三年だったけど、リフォームしてあって綺麗な部屋でした。線路側の部屋はカーテンを閉めておけばいいのだし、線路の方とは反対向きの海側の部屋にはベランダがついていて、そっちは陽当たりも風通しも申し分なくて、これなら彼女が出来ても困らないぞ、と」

　大木さんにはまだ恋人がいなかったが、作る気は満々だった。だから女性に自分の部屋を気に入ってもらえるか否かは非常に気になるところで、その点でもこのアパートは良さそうな感じがしていた。ベージュ色を基調としたモダンな外観が女性に好まれそうだし、エントランスの前に駐車スペースがあるから彼女が車に乗ってきても困らない。キッチンもバスルームも清潔で設備も整っている。

　彼女が出来たら泊まってもらって、ああしてこうして……と、夢がふくらんだ。

　当時、彼は二二歳。新卒で採用された企業が勤務先として指定してきた職場が、ここ伊東市にあった。三重県の実家から引っ越してきたのは四月のこと。仕事を覚えるのは楽しかったし、同僚は好いやつばかりで、上司にも気に入られた。まさに順風満帆。足りないのは彼女だけだと思っていた。ところが――。

　五月半ばの深夜。布団に入り明かりを消した途端、枕もとに猫が二匹、忽然と現れた。

　驚いて跳ね起きようとしたら、体が動かない。

「金縛りだ！　そう思って必死で目玉だけ動かして猫たちの動きを追いました」

猫は白猫と黒猫で、どちらもまるまると肥えて図体がデカかった。そして、信じがたいことにニタニタと笑っていた！　大木さんは咄嗟に、ディズニーのアニメ映画『不思議の国のアリス』に登場するチェシャ猫を連想したという。

二匹はすぐに、大木さんの周りを歩きはじめた。そのスピードがだんだん速まる。やがてグルグルと部屋じゅうを駆け回りだした。次第にありえない速さになって、目で追うのをあきらめた途端、二匹は揃って大木さんの布団の中に飛び込んできた。

「首の横から凄い勢いでシュッシュッと入ってきて、その瞬間に金縛りが解けました。そこで布団を跳ねのけて飛び起きたら猫たちがいなかったので、またビックリしました」

部屋の隅々まで探したが痕跡すらなかった。猫の毛一本見つけられないのでは、夢だったと思うしかなかった。大木さんは再び布団に入って目を瞑（つむ）った。

いつのまにか眠りに落ちていた。

――トントントントン、トントントントントントントン……。

聞き覚えのあるリズミカルな音に優しく覚醒させられた。

何やら懐かしい感じがする。これは、お母さんが、まな板に乗っけた大根か何かを包丁で刻む音じゃないか？　子供の頃は毎朝この音を聞いていたっけ。しばらくするとご飯が炊けて、お母さんが起こしに来る……わけがないじゃないか！

目を開けると、しらじらと夜が明けてきたところで、早朝の薄青い光が部屋に満ちていた。住みはじめて約一ヶ月半になるアパートの景色を眺めて、やはり夢か、と安心しかけたが、

――トントントントン、トントントントントン……。

台所から包丁の音が聞こえてくるではないか！

しかもまたしても金縛りにかかっている！

あっちに何かいるのか？　ダイニングキッチンとこの部屋を隔てている襖の方に目を向けた。すると突然音が止み、ややあって襖がしずしずと開いて、女が顔を覗かせた。

年の頃は二〇歳前後。白っぽい夏向きのワンピースを着て長い髪を肩に垂らした、スレンダーな美人だが、会ったこともない女性である。

女性はあでやかな微笑をひとつ投げ掛けると、すぐまた襖を閉めて向こうに引っ込んでしまった。途端に大木さんは強い眩暈を覚えて、意識が遠のいた。

目覚まし時計が鳴って飛び起きた。咄嗟に女の姿を思い起こして襖を見たが、きちんと閉まって静まり返っている。そこで、おっかなびっくりダイニングキッチンの状態を確認しに行った。

台所には人の気配はなく、ただ、調理台に置かれたまな板の上で包丁の刃が朝日を受けて輝いていた。まな板と包丁を出しっぱなしにして寝た覚えはなかった。そもそも、料理をしたことなど一度もないのだし。

部屋と幽霊と彼女（二）

大木さんの職場には、勤続一〇年になる面倒見のいい先輩がいた。伊東市界隈の事情にも詳しいこの人に、大木さんは入社以来あれこれと世話になっていた。

昼休み、思い切って彼に昨夜からの一連の出来事を打ち明けてみると、「ああ、やっぱり」と言われた。

「前にも、うちの社員があのアパートに住んでたことがあってさ……。言うと怖がるかと思って今まで話さなかったけど、あそこは〝出る〟んだって！　アパートの近所で踏切事故に遭って死んだ若い女の霊が憑いてるって噂だよ」

こう聞かされて、大木さんは家に帰るのが怖くなってしまったが、しかし帰宅しても何も起きず、それ以降、長い間、怪異に遭遇することはなかった——念願の恋人が出来るまでは。

社会人デビューから四年目にして、地元の女性と親しくなり、順調に交際を続けるうち、とうとう彼女が泊まりにくるところまで漕ぎつけた。

大木さんは感無量だった。ついに、ついにこの日が来たのである！

滞りなく情事を終えて、幸せを噛みしめながら大木さんは眠りに落ちた。ところが、深夜二時、彼女の悲鳴で叩き起こされたのだった。

「もうイヤ！　こんなとこ居られない！　帰る！」

彼女はそう叫んで慌ただしくスカートを穿くと、ブラウスのボタンを留める間も惜しんで玄関から外に飛び出していってしまった。

「おい！　待てよ！」

急いで追いかけたが、彼女はすでに自分の車に乗り込んだ後だった。呆然とする彼を置き去りにして車を発進させ、みるみる遠ざかる。

大木さんは頭を抱えた。怒らせるようなことは誓って何一つやっていない。さっぱりわけがわからなかった。電話をかけ、メールを送ってみたが、返事がない。まんじりともせず夜が明けて、このままでは仕事が手につかないと思い、出勤直前にもう一度だけ……と、すがりつく思いで電話をすると、ようやっと彼女が通話に応えた。

「……はい」

「どうしたの？　なんで急に出てったんだよ？」

「……言ってもどうせ信じないよ。とにかくもう泊まらないから。じゃあね！」

「ちょっと待って！　もしかして幽霊を見た？」

そのとき、久しぶりに大木さんは四年前の出来事を思い出したのだという。ひょっとすると彼女もあの女を見たのかもしれないと思って、自分が体験したことを話したのだが。

「ううん、女じゃなかった。おじさんだよ。知らない中年のおじさんが布団のそばに正座して、私を見おろしてたの！　怖すぎた！　思い出しても鳥肌立っちゃう！」

「戸締りしてたし、誰も入ってこれるわけがないよ」

「入れるよ。自分で幽霊だって言ったじゃん。女だけじゃなくおじさんの霊もいるんじゃないの？　みんなで仲良く暮らせばいいじゃん。私は二度と行かないけどね！」

「ええっ？　そんなぁ！」

以降、彼女が大木さんの部屋に泊まることはなかった。

大木さんは彼女を引き留めるため、合鍵を渡して自分のパソコンのキーワードなども教えた。いつでも好きなときに出入りして何でも自由に使っていいと言った結果、日中は遊びに来てくれるようになった。しかし、陽が沈む前に必ず帰っていってしまう。

彼女のために引っ越すことも考えたが、四年前に怪奇現象に遭ったのが最後で、あれ以来、大木さんには霊などの存在がまるで感じ取れなかった。オバケは見えないが、預金通帳の残高は見えた。引っ越すためには貯金が乏しすぎる……。

彼女は痺れを切らしたに違いない。ある朝、彼女は大木さんの留守中に部屋にやってくると、霊感があると噂されている知人女性に彼のパソコンからテレビ電話をかけた。霊感を使って彼の部屋を観察してもらい、何らかの対処を仰ぎたかったということのようだ。

件の女性は、パソコンに繋いだカメラを介して室内を一瞥するや、断言したそうだ。

「いるねぇ！　最低でも二、三人はいる！」

そして、コップになみなみと水を張って塩をひとつまみ入れたものを本棚の中に置いておくことで、ひょっとすると除霊できるかもしれないと彼女に告げたのだという。

その夜、何も知らない大木さんが帰宅すると本棚にコップがあったので、彼女に電話で訊ねた。

「ちょっとだけ水が入ったコップが本棚にあるけど、これは何なの？」

大木さんが彼女から別れを告げられたのは、その直後のことだった。

死の知らせ

一九六一年生まれで三重県出身の川原喜一郎さんは、第二次大戦中に帝国海軍の下士官だったという父から厳しく育てられた。父の軍人的なスパルタ教育はどうにも苦手で反発しか覚えなかったが、ただひとつ、日記については少し感謝している。

父に強いられて六つのときから日記を書きはじめ、小学校を卒業するまで続けていた。中学に入ると反抗期が始まってやめてしまい、日記の存在すら長らく忘れていたが、二五歳のとき実家で自分の日記帳の束を発見した。

読み返してみたら、これがめっぽう面白い。

川原さんの生まれ育った三重県の北勢地域は農耕が盛んで、学生時代から住み暮らしている東京都心とは景色も文化もまるで違った。のどかな田園風景と古い習俗とが昭和時代の子供の視点で綴られていて、自分のことなのに小説を読むような新鮮味を感じた。

——テレビの視聴者であればもっと惹きつけられるのではないか。

当時、放送業界で働いていた川原さんは野心を掻きたてられ、構成台本にすることを念頭に、日記をリライトしはじめた。結局、それを完成させる前に三〇代で業界を去ってしまったのだが、時が経てば経つほど田舎で過ごした子供時代の記録が貴重に思えてきて、加筆修正を再開して書けたものをSNSに投稿したこともあったという。

今回、私のもとにお寄せいただいた体験談はその一部で、彼の小四のときの日記がベースになっている。

背景となるのは高度経済成長期の昭和四六年（一九七一年）。この年、テレビで「8時だヨ！　全員集合」が視聴率五〇パーセントを取り、日本最大の新規開発住宅地「多摩ニュータウン」の入居が開始された。

私は当時四歳で、東京都世田谷区の公団アパートで天地真理や小柳ルミ子の歌真似をしたり、王貞治がテレビコマーシャルで「お菓子のホームラン王です」と勧めているお菓子「ナボナ」のクリームを舐めたり、初めて日清のカップヌードルを食べたりしていたはずだ。

あの頃、小学生男子は半ズボンを穿き、「月星」のズック靴やゴム草履を履いていたものだ。髪型は坊ちゃん刈りか慎太郎刈りかイガグリ坊主と相場が決まっていた。

生れて初めて怪異に遭った川原少年も、きっとそのような格好だったろう。

夏休みが来週に迫った七月の第三日曜の夜、彼は奇怪な夢を見た。

五組の伊藤昭彦くんが遊びに誘いたそうに窓のところにやってきたのだが、部屋の中も外の景色も全体に変である。窓の外は一面あかね色に染まって、色の濃淡があるだけで、見慣れた田んぼや電柱が無い。ここは居間兼食堂にしている一階の六畳間のようだ。でも、オルガンも桐箪笥もテレビも運び出されて、土壁が全部剥き出しになっている。

それに伊藤くんの後ろに三メートルぐらい離れて、黒っぽい背広を着た知らないおじさんが佇み、虚ろ(うつ)な目でジーッとこっちを見つめているのだった。変な人だから目を合わせないように気をつけようと川原さんは思ったが、どうしても気になってチラ見するうち、この男の顔の造作をすっかり憶えてしまった。

伊藤くんは、辺りのようすがいつもと違うことにも、不気味な男が後ろに立っていることにも、気づいていないのだろうか？　平気なようすで、人懐っこい笑顔を向けてきている。

「なあ、遊びに行こにぃ（遊びに行こうよぉ）」

川原さんが返事をためらっていると、彼はじれったそうに繰り返した。

「こっちぃおいいさ（こっちおいでよ）。はよ一緒に行こに！」

伊藤くんはとても親し気な態度で誘ってくるのだが、これもおかしい。

なぜって、ちっとも仲良しじゃないのだ。二人きりで遊んだことはいっぺんもない。隣町の子だから幼馴染みではないし、同じ学年だがクラスが違う。

申し訳ないけれども、川原さんは彼を「肥溜めに落ちた子」としか認識していなかった。

一年前に大勢でドロケイをやったとき、伊藤くんは肥溜めに落ちた。そのときにしても、川原さんは、伊藤くんが泣きながら校庭の水洗い場で体を洗っているようすを遠巻きに見ていた数人の少年のうちの一人に過ぎなかったのだが。

だんだん不安になってきて、川原さんは「おかやんに叱られるで、行けやん」と断った。尚もしつこく「行こに行こに」と伊藤くんが食いさがるので怖くなって後ずさりしたら、伊藤くんと背広の男の足もとが見えて、異様なことになっていたので驚いた。

なんと彼らの足の下には地面が無く、二人は夕焼けの色が垂れこめた底なしの空間に浮いていたのだ。びっくり仰天して尻餅をついた途端、目が覚めた。

いつもの夢は忘れてしまうのに、この日は学校に着いても記憶が鮮明で、早く誰かに話したくてたまらず、朝礼が始まる前、校庭で後ろに並んだ友だちを振り向いて「伊藤くんが夢に出よって」と言いかけた。しかし、ちょうどそのとき、校長先生のお話が始まった。

「生徒の皆さん、おはようございます。今日は悲しいお知らせがあります。四年五組の伊藤昭彦くんが昨日、交通事故に遭われて亡くなりました……」

友だちが後ろでヒエッと悲鳴をあげた。

「おまん、今し伊藤くんて言うたやんな?」

これが周りに聞こえてちょっとした騒ぎになり、その後、休憩時間に川原さんはクラスメートたちに夢の内容を詳しく説明することになった。

「なあ、その背広のおじやんて死神ちゃうん?」

「ちごうて、伊藤くんがな、独りで死ぬんは寂しいで、川原くんを連れてこうとしたん」

「川原くん、しばらくは車に気ぃつけなあかんで!」

「もうしやんとこ。伊藤くんにゃあ夏休みこやんのやし」

——最後はみんな悲しくなってシーンとしてしまった。

伊藤くんの夏休みは永遠に来ない。この厳然たる事実に、川原さんも打ちのめされた思いがした。

それが月曜のことで、翌週の日曜日から夏休みが始まることになっていた。土曜日は終業式だけで、昼食は家で食べた。

午後になり、よく行く近所の駄菓子屋で一〇円の棒つきバニラアイス「ホームランバー」を買った。すぐに家に帰っても面白くないと思い、アイスを舐め舐め、あまり通ったことがない道を歩いてみることにした。

田んぼに挟まれた農道がしばらく続いた。右を見ても左を見ても、青い稲がみっしりと生え揃い、尖った葉先を風にそよがせている。中干を終えて水を入れはじめたところで、株の狭間でギラギラと水面が光り、トンボが飛び交っていた。

農道はやがて、アスファルトで舗装された自動車道に繋がった。車道に面した一軒の家の長い生垣に沿って、数台の車が停まっている。何をやっているのだろうといぶかしんで近づくと、生垣の向こうに、横に長い数寄屋造りの平屋が見えてきた。

どうやら葬式の最中のようだ。壁に鯨幕を張りめぐらせ、障子や襖を開け放って奥まで見せた座敷の中央に、葬儀の祭壇がしつらえられている。

そこにある遺影の顔に、川原さんは目を吸い寄せられた。

――伊藤くんの後ろに立っていたおじさんだ！

あれから脳裏に焼きついて離れないあの男の肖像が、黒枠の中に収まっていた。黒っぽい背広も空虚な表情も、完全に記憶と一致した。

頭がグワングワンと鳴って涙が溢れてきた。怖くて怖くて、泣きながら走って家に帰り、母に、夢を見たところからさきほど見た遺影のことまで、経緯を全部話した。

信じてもらえないのではないかと心配になり、彼は最後に付け足した。

「ほんまのことやに（本当のことだよ）」

すると母は微笑んで、優しく「知らんわ」と言った。

「どこぞのおじやんがしもてきなした（亡くなられた）んは気ぃの毒やん。伊藤くんものうなったんは、ほんまにざんないこと（残念なこと）やなぁ。ほやで手ぇあわして祈りぃ。夢のお告げやら、ありえんやん」

母が言うことは理解できた。でも、普通ではありえないことが実際に起きたのだと川原さんは思った。そこで母に内緒で近所の人に訊いて回って、伊藤くんとあの中年男性の接点を確かめてみたのだが、いくら調べても、二者の間にはまったく接点がなかった。

そうこうするうち、葬式をやっていた例の数寄屋造りの家が、どういうわけだか彼の恐怖の対象になってしまった。しばらく後に父の運転する車に乗っていてたまたま前を通ったときは反対側に目を背け、その後も長らく近づこうとしなかった。そして、日記と再会した二五歳のとき勇気を出して行ってみたら、家は建て替えられていた。

「あれから故郷の景色はずいぶん変わりました。何もかも、今は僕の日記の中にあるだけです」

死んだ同級生も背広の男も、水田が青々と広がるあの夏も、もう帰らない。

視える人

マミさんは視える人だ。しかしそれは生霊に限られる。なぜか呑み会の場などでその能力が発揮されるという。リラックスした場というのが良いようだとは本人の弁、しかし彼女は下戸である。

先日の合コンでちょっと気になる男がいた。ほどよく酒が回ってきて場がいい感じに和んだ頃、ふと彼の背後に視線を集中してみた。

快活に談笑する男の背後に、たくさんの巨大な黒点が視えた、と思った途端吐き気を催してトイレに駆け込んだ。それはすべて「女性の目玉」であり、いっせいにマミさんに悪意を込めた視線を向けたのだという。

「あの男は手広く女性を喰ってますすね。しかもその女性たちそれを知っていて、みんな裏で結託してますよ」

知らぬのは彼ばかり。生きてるモノの方がおっかないですよ。

近いうちにかなり痛い目に遇わされるんじゃないかな、とのこと。

視えない人

ミキさんは視えない人である。因縁のあるものや霊的にやばそうなもの、それは目の前にあっても認知できないという。

聡明で快活な女性で仕事も出来そうだが、仲間内では天然キャラで少々ボケた子と思われている。なぜなら「何度も会ってるはずなのに、どうしてもわからないって人が今まで何人かいて」大いに恥をかくのだそうだ。

どういうことかというと。

「その人は〝そこにいる〟ってみんな言うけど、私には視えないですもん」

そういった〈視えない人〉たちのその後を噂で聞くと、事故で亡くなっていたり身を持ち崩してたりどうやら自殺して——などと行方がわからなくなっているという。

人に限らず物でもそう。

「怪談本とかもらっても、すぐに失くしちゃう」

目の前にあるのに視えていないのである。

悲しみこらえて

ヤエコさんはとある小さなサプリメントの輸入販売の会社に勤めている。社長は三十代前半の女性。細やかなサービスと商品の質が認められ、五名ほどが詰める事務所ながら売上は順調に伸びている。ヤエコさんは経理関係の事務をこなしていた。

ある午後のこと。営業職の人間が出払って空になった事務所を留守番しながら仕事をしていると、ふと視線を感じた。顔を上げて見廻すと、流しのスペースを仕切る衝立の陰に社長がいてこちらを凝視している。

「社長？　いらしてたんですか？」

ホワイトボードには「急用全休」とあったので、びっくりして手を止め声をかけた。しかし社長はなにも言わず、またそこから出てこようともしない。

「どうかしましたか？」

ヤエコさんは席を立った際、少し視線を外した。

その一瞬に、社長の姿は跡形もなく消えた。

「はあ?」向かいかけた足が止まる。と同時に厭な予感が過ぎる。

社長の携帯に直接かけるのは気が引けたので、一番古株のフルヤさんの携帯に「変なことを言いますが」と前置きして今しがた起きたことを話した。フルヤさんはああ、と声を洩らして言った。「死んだからな」

独身である社長は猫好きが高じて、自宅に多くの野良を引き取って世話をしているのだという。常時八匹ほどの猫がいて、良質のエサに新鮮な水、清潔な室内で自由気ままに生活している。出張の時は馴染みのペットシッターが代わりに世話をする手厚さである。

それだけの愛情を注いでいても、寿命や病気で猫たちは亡くなっていく。

「仕事人間のあの人が、猫が死んだ時は会社を休むんだよね」

そうは言っても仕事のことは気になる。身体は猫の葬儀の場にいるものの、気持ちだけ会社に来てしまうのだろうとフルヤさんは言う。

「何度もあったことだから気にしないで。でも、老猫ばかりになったって洩らしてたから、しばらく続くかもしれないなあ」

なにより、本人は気がついていないみたいだから。

それからも二度、急用全休の日に社長がいるのをヤエコさんは見たという。

天の声

ワカさんがつき合っていた男性は既婚者だった。彼の家庭はすでに壊れていたのだがなかなか離婚ができないでいた。仕事のストレスも重なり、そんな状況にうんざりしていたワカさんは彼との別れを本気で考え始めていた。

ある夜中、寝ていたワカさんは降ってくるような声で目が覚めた。

「わかれるよ」

むむ、お告げか。これはいよいよ別れた方がいいのかな。

翌日、彼より唐突に「離婚が成立した」と連絡が来た。おかげでようやく二人の間で結婚の話が具体的になり、近々彼の父親に挨拶することに。彼の母親は既に他界している。

いざ顔を合わせてみると、はじめて会った気がしない。そう言って不思議な感覚に目を丸くする若さんに父親は茶目っ気たっぷりに言った。

「そうだろうよ」

あの天の声だと密かに気がついた。義理の父親となった今も大の仲良しなのだという。

悪意

「昨年事故で急逝した夫の部屋は、今もそのままにしてあるんです。子供が大きくなった時に〝お父さん〟の存在が少しでも伝わるように」

まだ四歳の娘に父親の死はわからない。

いつパパは帰って来るの？　と何度も何度も訊かれるのが本当につらかったという。

「ところが最近、夫の部屋で夫が立てる生活音がするんです」

夫が幼い我が子と自分を心配して見守りに来ているんじゃないかと思い、誰もいない部屋で誰かがいるような音がするのを怖いとはまったく思わなかった。

「むしろ安心するぐらい。娘にも聞こえているようで、パパだね？　と喜ぶ。ちょっと癖のある足音や椅子の軋む音、洋服ダンスの開閉音のタイミング、すべて夫の立てる音そのもの」

ある夜。部屋の扉が少し開いていた。いつもきちんと閉めているはずなのにおかしいなと思った瞬間、その隙間にこちらを覗き見ている夫の姿があった。

「夫の顔だったから、とうとう姿を見せてくれたと喜びそうになったんです。でもふと、なにかが違うと警報が頭の中で鳴った」

あんた誰？　口をついて出た言葉だ。

とたんに夫の顔をしたそれは大きくニヤリと口を歪め、黒い影になり消えたのだという。

「あ、これは夫じゃない。夫の顔した別のものだ。私たちを見守るなんてとんでもない」

悲しいというより物凄い怒りが爆発して、手許にあったものを手当たり次第扉に向かって投げつけた。

「結局それ以来、夫の立てるような音はしなくなってしまった。でもそれで良かったと思う。寂しいけれど夫はすでに天国に行っていると思いたい。そうじゃないと、あの部屋から覗いていた悪意に満ちたアレ、夫の顔をしているなんて許せない。ほら――」

見せられた彼女の両の腕にはびっしりと鳥肌が浮いていた。思い出すと、必ずそうなるという。

「夫の部屋はもうしばらくはそのままにしておくけど、時期がきたら処分を考える」

そう言う彼女の鳥肌はまだ治まらない。

事故と事故

その日の朝、主婦の友美さんは夫を会社、息子を大学に送り出してから家事にいそしんでいた。

ベランダに洗濯物を干したタイミングで、せわしなく玄関チャイムが鳴った。

「ピンポンピンポンポンと連打されたんです。宅配でも郵便でもそんな風に鳴らされたことなかったし、何事かと思いました」

はーい、と返事して玄関に出ると、三和土に息子が立っていた。

「えっ、どうしたの？　学校は？」

問いかけると、息子は顔をくしゃっと歪めて叫んだ。

「母さん、親父が事故った！」

それを聞いて、友美さんは気が動転してしまった。

いつ、どこで事故が起きたのか、どの程度の事故なのか、夫は無事なのか。

聞きたいことは数あれど、何から問えばいいかもわからない。

まず、私が落ち着いてしっかりしなければ。顔を手で覆って深呼吸したら、〈おい〉と夫の声がした。

いつ来たのか、息子の横にスーツ姿の夫が立っている。

「大変だ、あいつが事故に遭った！」

夫と息子がいつになく真剣な表情で、そろって友美さんを見つめている。

どういうこと、私、からかわれているの？

「ちょっと待って、事故って言うけど二人ともここにいるじゃない」

友美さんがそう言うと、夫と息子はその時初めてお互いの存在に気付いたかのように顔を見合わせ、次の瞬間ふっと消えてしまった。

「わけがわからなくて、とりあえずドアを開けて外を確認しようとしたんです」

すると玄関扉の鍵は施錠されており、チェーンもきちんとかけられていた。

夫も息子も家の合鍵を持っているので、玄関に息子がいるのは〈合鍵で入ったんだ〉と思い込んでいたが、だとしたらチェーンは何故かかったままなのか。

混乱の最中に友美さんの携帯が振動した。夫からの着信だった。

「発信は夫の番号でしたけど、電話は救急隊員の方からで、夫が交通事故で病院に搬送されたと」

家に一台しかない車は夫が乗って行った上に、そもそも友美さんは免許を持っていない。タクシー会社に電話しようと携帯を握ると再び着信があり、今度は画面に息子の番号が表示された。

「それも救急からでした。息子が事故で搬送中だけど、重症で意識が無いと」

その日、友美さんの夫と息子は奇しくも別々の場所で事故に遭い、それぞれが救急車で同じ病院に搬送されていたことになる。

「夫はなんとか助かりました。でも、息子は、いけませんでした」

事故から数年が経過した今も、友美さんはあの日の朝の出来事を折に触れて思い出すという。

夫と息子が互いに〈相手が事故に遭った〉と言い立てたおかしな場面。それは友美さんにとって、親子の最後の思い出になった。

「それまで、息子は母親似だってよく言われていました。でも、二人が並んだあの時、息子は父親に本当によく似てるなって思ったんです。あの子、遺体の顔は傷んでいましたが、傷一つないきれいな顔で私の前に出て来てくれたんですよ」

そう思うことで心の安らぎを得ている友美さんだが、一つだけ後悔していることがあるという。

「あの時、息子を抱きしめてあげれば良かった。せっかく知らせに来てくれたのに。母親として何かもっと、あの時出来ることがあったんじゃないか？　って思ってしまうんです」

話を終えた友美さんは姿勢を正し、息子の遺影微笑む仏壇に手を合わせた。

緑一色

春休みのある日、大吾君は〈ぶらり気まま旅〉をしようと思い立ち、一人バイクにまたがった。

「特に目的は定めずに、気楽に走り倒すつもりだったんだよね」

その日はよく晴れて、眠気を誘うような生ぬるい風が吹いていた。

朝に東京を出て、午後にはT県某所に到達。

インターチェンジを降りてしばらく走ると、辺り一面が緑色になった。

家はおろか人工的な建造物も見当たらず、黄緑の草原を深い緑の森が囲んでいる景色は、都会住みの大吾君にとって素敵な非日常に感じられた。

「他に通行する車なんかもいなくて、俺だけの貸切大自然！　みたいでサイコーだったんだけど」

良い気分で走行中、〈うぉー、うぉー〉と野太い声が聞こえてきた。

耳障（ざわ）りな叫び声は、後方からだんだんこちらに近づいて来るようだ。

ヘルメット越しに後ろを確認すると、何かが道路を走っている。

ひょろりと背が高く、全身灰色のそれは、上から下まで灰色ずくめの服を着た人のように見えた。

あそこを通過した時には人っ子ひとり見かけなかったが、あの人はどこから現れたのだろう。徒歩圏内に民家もなさそうだし、事故か何かで困っているのだろうか？

大吾君は灰色の人のためにバイクを停止させるかどうか悩んだ。

「でも、やめた。実際に聞いてなきゃわかんないだろうけど、そいつの声が超嫌な感じで、叫び方なんかもまともじゃないし、絶対関わりたくなかった」

俺には関係のないこと、と大吾君はバイクを加速させたが、背後から響く声は遠ざかるどころか音量を増して追いすがってきた。

「ドップラー効果っていうの？　声の聞こえ方がだんだん変わってきて」

大丈夫、バイクに追いつける人間などいない。そう信じてひた走った。

「そん時の俺、七十キロは出してたんじゃないかな」

後ろを振り返らずとも、おぞましい叫び声から、先刻見た灰色のそれが追って来ているとわかる。

〈うぉーっ、うぉおおおおーっ〉

アクセルはとうに全開だったが、バイクの排気音を越えた咆哮に大吾君は戦慄した。

「あり得ないんだけど、振り返ってチラ見するたびに、そいつの姿が大きく見えるわけ。もう遠近法が変なくらい大きくて」

あの野郎、何メートル身長あるんだ。

地震でもないのに、どっ、どっと道路が揺れる。

その頃には、それが人間ではないと大吾君は悟っていた。

すぐそばまで地響きが迫り、目の前がすっと暗くなる。

ヤバい、つかまる‼

覚悟したその時。

どどっと巨木のような足が二本、頭上を飛ぶように追い越していった。

「コケないように運転に集中してたんで、よくは観察できなかったな」

それの外見はロボットに似ているが、動きは極めて敏捷で生き物めいていたという。

「肌色の部分が全然なくて、あえてたとえるとコンクリート製の〈木人〉みたいだった」

全身灰色の人型のそれは、ものすごい速さで道路の果てに消えて行った。

「いったん路肩にバイク停めたら、革のグローブが手汗でぐっしょり重くなってた」

ゲンが悪いので大吾君は即行で来た道を引き返し、その日のうちに東京の自宅へ帰り着いた。

帰宅してすぐ、興奮さめやらぬままに見たものをネットで調べてみたという。

住所を検索窓に打ち込めば、家に居ながらにして現地の写真を参照できるサービスでたどってみても、あの地平線まで緑一色の外国の如き景色を見つけることはできなかった。

「そういえば、あの日高速を降りてから、対向車とは一度もすれ違わなかったんだ。帰り道で乗用車やバイクを見かけた時、気を失いそうなくらいホッとした」

検証のため、大吾君はあの緑一色の道を再訪するつもりだが、地図にない道をどうやって目指すのかがネックになっている。

母の愛

「俺が中学二年生の時だから、これはざっと三十年以上前の話」

その日、学校から帰宅した陳さんは、母親に「ただいま」も言わずに自分の部屋へ直行した。

「あの頃は些細なことに何かとムシャクシャしてたの、思春期だったから。なるべく親とは会話しないようにしてた」

自室のドアノブをひねり、ドアを開いて、閉める。

ことさら意識に上ることもない、至極ありふれた動作だった。

「一人っ子なんで子供部屋を独占できたのは良いけど、ドアに鍵がないのが不満でしょうがなくて。母はしょっちゅうノックもなしにドアを開けてくるしね」

鞄を床に叩きつけ、制服の上着を椅子の背に放り、シングルベッドに乱暴に寝転がったところで、唐突にのどの渇きを覚えた。

確か、清涼飲料水が冷蔵庫にあったな。

飲み物を取りに行こうと立ち上がった陳さんは、ドアの前で途方に暮れた。

部屋のドアにドアノブがないのである。

嘘、だって、さっき開閉する時ひねったよな⁉

陳さんはドアノブがあったと思しき部分を凝視したり、撫でこすってみたりしたが、ないものはない。

ドアノブのないドアは、どうにもつるつるして開けることができない。

「どうにか開かないかと、ドアの蝶番の金具をガリガリ引っ掻いてみたけど、まあ、駄目だったね」

刑事ドラマの真似をしてドアに体当たりを試みるも、どういうわけかびくともしない。

このまま俺は部屋から一生出られないのか、などと極端な考えが若い頭を支配していく。

この際、プライドをかなぐり捨てて母親に助けを求めよう。

「ねえ、お母さん？　お母さーん？」

階下までは聞こえないのだろうか、助けは来なかった。

陳さんは意を決し、ボリュームを上げて救助を要請した。

「ママあ？　ママーッ‼　助けてえー‼」

なりふり構わず大声で母を呼ぶと、階段を上ってくる足音がしてドアが開いた。

「ドアが開いたらうれしくて、つい抱きついちゃった。母とハグするなんて、小学校卒業以来のことだったね」

母親は、陳さんの涙と鼻水をハンカチで拭ってこう言った。

「さっきね、あんだがワーワー暴れてるからここに来たら、部屋のドアにドアノブが二つ並んで付いてたんだよ」

「え、それどうしたの？」

「どちらか迷ったけど、いつも開け慣れてる方、高さがしっくりくる方のドアノブをひねったら、開いたのよ」

そう言って、母親は陳さんをぎゅっと抱きしめた。

泣きやんだ陳さんがドアの両側を確認すると、何の変哲もないドアノブが表裏に一つずつ付いていたという。

「それから俺は母にあまり反抗しなくなったね。もし母がもう一つのドアノブをひねっていたら、どうなっていたか時々考えてしまう」

陳さん一家は彼が大学へ進学するまでその家に住んでいたが、ドアに異変が起きたのはその一度きりだった。

ビスクドール

今年ナース歴二十年を迎える佐久さんには、患者との割り切れない思い出が一つある。

「その人、八十代後半のおばあちゃんで末期の胃がんだった。普通は九十近いと、病院の方針として積極的な手術はしないものなんだけど」

増殖したがん細胞が消化管を塞いでしまったことで、老女はそれまで楽しんでいた食事ができなくなってしまった。

「そりゃ、がんを治すための手術じゃないけど、食べ物を経口摂取できるのは、無上の喜びだから。食べられるうちは口から食べさせてあげたいじゃない」

詰まった部分を迂回して消化管をつなげるバイパス手術を行えば、再び食事ができるようになる。高齢者に対する外科手術のリスクはけっして小さくはなかったが、口から食事を採らせてあげたいという家族の希望、本人の体力とＱＯＬ（生活の質）を考慮して手術が決定した。

「小柄でおとなしいおばあちゃんでね、赤ちゃんサイズのお人形をいつもそばに置いてた」

その人形はふんわりとした巻き毛にガラスの目を持ち、ほんのり開いた唇の間には小さな舌と歯が覗いていた。

「私、お人形は詳しくないんだけど、かなり古い西洋のドールだったと思う」

アンティークらしく古びてはいたが、よく手入れされており、老女の溺愛ぶりが察せられる人形であった。

老女は常に人形と共に在った。散歩時には人形を抱きかかえ、トイレの個室内にまで持ち込むなど、肌身離さず持ち歩いていた。

「おとなしくて手のかからない患者さんだったんだけど……」

手術当日、それまで医療職に従順だったその老女が初めてヒステリーを起こした。

「お人形と離れるのが嫌だって。〈これはあたしの分身だから、手術の時も一緒にいるんだ!〉ってゴネられちゃった」

手術室に滅菌もしていない人形を持ち込むわけにはいかないと説得したが、老女は頑として首を縦に振らない。

「私が力ずくで人形を引き離した。おばあちゃんは抵抗したけど、私の方が力あるから」

人形をナースに取り上げられた老女は渋々、手術台の上の人となった。

老女の手術は成功したが、術後にトラブルが発生した。

「おばあちゃん、おなかを縫った糸を私物のはさみでジャキジャキ切っちゃって」

さらに老女は、縫合糸を切った隙間から手を突っ込み、手術創を自らの爪で深く抉っていた。あと少しで内臓に届くほど、その傷は深いものだった。

老女の自傷行為は手術から数日後、ＩＣＵから内科病棟に移されて、医療職の監視が緩んだ隙に為されたのだという。

「認知症を発症したのかも？　と疑ったこともあったし、術前に大切にしてたお人形を無理やり取り上げげちゃったから、私たちへの抗議の意味をこめて自傷に及んだのかも？　って反省もした」

この件は病棟カンファレンスでも話題になったが、自傷行為の処置後、老女は穏やかな状態を維持していたことから責任の所在は有耶無耶になった。

その後、病状の進んだ老女は置物のようにおとなしくなり、緩和ケアを受けたのちに亡くなった。

「末期は疼痛で苦しまないよう薬で意識を落とすから、ほとんど会話はできなくなってたのね」

ただ、亡くなる十日ほど前に老女が珍しく佐久さんに話しかけてきたことがあった。

人形と枕を並べた老女は嬉々としてグロテスクな話をした。

「切ったおなかの中の肉をね、あたし見たの。あたしのお肉、牛肉みたいにきれいな色してるのよね。お鍋にできそうな、本当にきれいな色してるの」

手術は全身麻酔で行われ、執刀医が老女に術中の様子を見せたことはない。

それ、いつ見たんですか？　と問うても、〈もう死ぬのは怖くない〉〈あたしは死なない〉などと言うばかりで、老女から有効な回答は得られなかった。

「変なこと言うなぁ、認知症が進んじゃったのかなって思った。麻酔や外科手術はなんだかんだでカラダにとって負担だから、手術自体はうまくいっても、患者さんの状態が悪化しちゃうこともあるし」

それが、老女との最後の会話だった。

佐久さんが次に困惑したのは、遺族が老女の持ち物を引き取りに来た時のことだった。

あの、老女がずっと抱いていた人形がなくなっていた。

病院の個室に物を置けるスペースは限られているのだが、いくら探しても人形は出てこなかった。

遺族はべつに構わないと言ったが、老女が生前大切にしていた物なのだし、佐久さんとしては形見として返してあげたかった。

老女の遺体が自宅に搬送された翌々日、人形は思いもよらぬ場所で見つかった。

「おばあちゃんがいた個室の床に、ぽつんと置いてあったの」

中身の入っていないロッカーに背を預け、人形は床に座らされていた。

何度も確認したのだから、ずっとここにあったわけがない。よその病室の患者が何らかの理由で人形を持ち帰ったが、気が咎めて返しに来た、そんなところだろう。

そう考えて人形を持ち上げた時、ふと違和感を覚えた。

「以前、おばあちゃんから取り上げた時はそんなに重くなかったのに、ずっしり本物の赤ちゃんくらいの重量があって」

手の中で不意に人形がいやいやをした。硬質な首を横に振り、手足をばたつかせるので、驚きのあまり両手を離してしまった。

ごっ、と音を立てて人形は頭から床に落下した。

ひび割れたヘッドパーツが本体から外れ、ころころと転がって来て佐久さんのナースシューズに頬を寄せて止まる。

それはまだ我慢できたが、首のない胴体から伸びた人形の手足がむずかる赤子のようにぱたぱた動いているのを見た時、さすがに忍耐の緒が切れた。

「ヒーッ‼」

「どうしました？」

悲鳴をとらえた同僚ナースがやって来て、座り込んだ佐久さんと、床に投げ出された人形を交互に見やった。

「あ、そのドール。見つかったんですか。落としちゃいました？」

何が起きたか知らない同僚は、物おじせずに人形の胴体と頭部を拾い上げた。

「……このドール、少し臭いません？」

血のような臭いがする、と言って同僚は人形のヘッドを手渡してきた。

「正直、お人形に触るのはちょっと怖かった。でも、何か内蔵のからくりで動いていたのかもしれないと思って」

佐久さんは人形を受け取り、中身を改めた。

落下の衝撃のせいか、人形のヘッドから豊かな頭髪が外れ、後頭部から中身が覗いている。

「知らなかったんだけど、ああいうお人形は頭の中は元々空洞になってるのね。そこに、ぐにゃぐにゃした赤い物が入ってた」

佐久さんが人形の中身を摘み出すと生臭い空気がふわっと漂い、同僚が〈ウッ〉とえずいた。

「こそげ取ったような肉と脂が、お人形の頭の中にみっちり詰めてあったの」

それは精肉店でよく見かけるパック詰めされた粗挽きの牛肉に似ていたが、肉の来歴をあまり考えたくはなかった。

「その肉、見つけた時は赤身だったのに、みるみるしなびて腐れちゃった」

黒ずんだ肉が異臭を放ち始めたため、佐久さんは人形のヘッドを腐敗した肉片ごとビニール袋にパッキングした。

人形のボディを点検すると、手足がゴムのような紐で胴体と繋がっていたが、どういうギミックで手足が動くのかはわからなかった。

「判断を仰ごうと、おばあちゃんのご家族の方にお人形が見つかったって連絡したんだけど、いらないって言うのね」

佐久さんが人形の頭部を損傷させてしまったことを謝ったところ、老女の家族は受け取りを固辞したのだという。

「〈とにかく不要ですので、そちらで処分して下さい〉の一点張りだった」

人形の処分に困った佐久さんは、仕事がひと段落してからみなに相談することにした。

「頭の入ったビニールと胴体を入れたビニールを二つ、並べて看護師更衣室のロッカーの上に置いておいたら、両方ともなくなってた」

同僚に訊いても、誰も人形の行方を知らなかったという。

「忘れてしまいたいけど、忘れてはいけないような、そんな思い出なの」

と言って、佐久さんは話を締めくくった。

ゴミ屋敷の住人

「うちの隣ですが、独居老人の住む一軒家がゴミ屋敷になりまして」

三浦さんの隣家はここ数年で加速度的にゴミが増えていった。

「庭なんか足の踏み場もないほどのビニール袋で埋め尽くされてて、おそらく家の中も同様の惨状なのだろうと想像してました」

屋内に寝る場所を確保できないのであろう住人の老女は、玄関先に停めたままのナンバープレートの無い廃車の中で寝ていた。

車で寝るなど防犯上問題があるし、猛暑の夏や極寒の冬はどうするのかと三浦さんは気をもんでいたという。

そのうち、溜まりに溜まった隣家のゴミ袋から、すえた臭いが漂ってくるようになった。

通勤時に隣家の前を通ると異臭が気になりはしたものの、朝早くから夜遅くまで仕事をしている三浦さんは家には寝に帰るだけ。家にいるときは、極力窓を開けないようにしてしのいでいたという。

隣家のことを市役所に相談しなければと思いつつ、忙しさにかまけて忘れていたある日、老女の息子だという男性が三浦さんを訪ねてきた。

多忙のため、長らく母を一人にしてしまっていたが、施設に入れる目処が付いたのでゴミ屋敷を片づけるつもりだと息子は言った。

「今はゴミ屋敷専門の清掃業者がいるんですね。膨大な量のゴミ袋をテキパキ搬出していくんだから、えらいもんです」

長年溜めこまれたゴミはプロの業者により残らず撤去された。

老女の息子を新たなる主として迎えた隣家は、元のたたずまいを取り戻した、かに思えた。

ところが清掃から数日後、老女の息子が三浦さんを再訪した。

「夜うるさくはないか？　と言うんです」

何のことかと問うと、深夜、隣家に踊る者が出るのだという。

姿の見えない何者が、畳や木張りの廊下、果ては金属製のベランダまで、激しくステップを踏んで踊り狂うので、うるさくて仕方がないと隣人はこぼした。

「いや、そんな音は聞いたことないですねえ。夜はぐっすり寝てますので」

三浦さんがそう答えたところ、「本当か？」と何度も問いただされたという。

「母さんはおかしくなかった。あれが出る余地がないように、空間を埋めてあったんだ。足の踏み場がないようにゴミで結界を作っていたんだ」

隣人はぶつぶつとひとりごちながら帰って行った。

先日のゴミの日、隣人が家の中に複数のゴミ袋を運び入れるのを三浦さんは目撃した。思いつめたような鬼気迫る表情だったので、声をかけるのははばかられたという。

遠からず隣家は再びゴミ屋敷になってしまうのではないか、三浦さんは憂慮している。

小林さんの話

ウチのサギョーバに出るんスよね。え、意味通じないスか。作業場です作業場。ほら、オレ板金屋なんで。車のボディなおしたり塗装したりする場所です。

で、そこにラジオが吊るしてあるんスよ。ホームセンターで売ってるような安いヤツを紐で柱に引っ掛けてるんスね。で、普段はそれを流しっぱなしにしてるんスけど。

残業で遅い時間に残ってると、たまにラジオの電波が、フッ、と切れるんスよ。普通、電波が悪いとノイズが混じったり、音声が聞きにくくなったりするでしょ。違うんスよ。電池が切れたみたいに、スッて無音になるんス。

勤めはじめた頃は、「あれ、おかしいな」ってラジオ揺すったり電池替えたりしたんス。でも職場の先輩たち、「そのうちなおっから」って笑うだけなんスよ。変でしょ。

で……月に一度か二度かなあ、そんなことがあって。その日もラジオが急に切れたんで、たまたま二人きりで作業してた工場長に「新しいラジオ買いましょうよ」って言ったんス。そしたら「買い換えても無駄だよ」って言ってから「お前、ラジオが切れたときはあまり動くなよ」って怖い顔で言われちゃって。

「あのな……ここ、〝通る〟んだよ。ラジオが切れるのは、その合図なんだよ」

わけわかんないッスよね。オレも意味不明でしたもん。そしたら工場長、「わかんなくて良いから、動くな」って、また仕事に戻っちゃって。それってもうコントの「押すなよ、押すなよ」みたいなもんじゃないスか。

それでオレ、独りで居残りしてるときにラジオが消えたもんで、あえてメチャクチャに動いてみたんスよ。踊ったり歌ったり叫んだり。残業続きでちょっとハイになっちゃってて。で、匍匐前進っぽい動きをしたんスよ。自衛隊が訓練でやるみたいな感じで。そしたら、見ちゃったんです。机の下の隙間から、向こう側の通路の、アレを。

泥だらけの裸足があったんス。たぶん女だと思うんスけど。

あ、やっちまったって一瞬で思いましたよ。いやいや、生身の人間じゃないですって。だって、ありえない早さで歩いてるんスよ。ベタベタベタベタベタベタベタベタって。なのに、足音が全然しないんス。

おまけに爪が異様に伸びてて、渦巻きみたいに反りかえって……獣みたいなんス。

オレ、息を殺してラジオの音が戻るのをじっと待ちました。いやもう、《本物》に遭うと正体とか理屈とかどうでも良くなるんだなって実感しました。

いまはオレより後輩のヤツに、おんなじこと注意してますよ。「ラジオの音が切れたら、じっとしてろ」って。でもアイツラもオレと一緒でアホっスからね、そのうちやらかして、アレを目撃すると思うんスよね。それがちょっと心配で。ええ……そうなんス。

いまでもラジオ、よく消えるんですよ。

宮武さんの話

予知夢ってあるでしょ。未来に起こる出来事を夢で見ちゃう、ってやつ。

私ね、よく見るんです。

最初は五歳か六歳だったかなあ。夢のなかでお祭りをしている境内にいたんですよ。知らない神社だったけれど、屋台がたくさん並んで、遠くからお囃子が聞こえて。

「にぎやかだな」なんて思っているうち、半被をはしょった男たちに担がれた神輿が社殿の奥から近づいてきたんです。屋根のところについている鳳凰の飾りや、金色の鈴まではっきり見えてね。私はその美しさに見とれていたんですが……そしたら。

神輿が目の前で、積み木を倒すように突然ガラガラッと崩れたんです。担いでいた人は砂煙で見えなくなっちゃったんだけど、悲鳴やうめき声があたりに響いていて。

そこで、ようやく目が覚めたんですよ。

まあ幼いながらも厭な夢だとは思ったんですが、そこは子供のことですから。すぐ忘れちゃったんです。思いだしたのは……数ヶ月後。神社のお祭りのさなかでした。ええ、父の実家へ行った日の夕方、「たまたま近所でお祭りをしてるから」と、祖母が連れていってくれたんです。

境内に足を踏み入れた瞬間、デジャブとか言うんでしたっけ、ここに来るのは初めてじゃない感覚に襲われて。そこからはもう記憶が洪水みたいにブワッと一気によみがえったんです。「なんなの、どういうことなの」ってビックリしていたら、お神輿が向こうから来たんですよ。はい、夢で見たものとうりふたつの神輿が。

こっちはもう気が気じゃないんだけど、子供だから祖母にもうまく説明できなくて。で、無言のまま祖母の袖を引っ張った直後……担ぎ手のひとりが石畳の割れ目に足を取られて……神輿が台座からずれるなり、ガタガタガタガタッと横倒しになって。

そのあとはもう大変な騒ぎですよ。飾りの金具がぶつかったらしくてね、担ぎ手の人のほっぺがカンナでもかけたみたいにゴッソリ削れていました。顔を真っ赤にしてのたうちまわる人を眺めながら、「ああ、やっぱりあの夢は本当だったんだ」って。

それが最初です。

で、それ以降は何度となくそんなことがありました。友人が奈落の底へ落ちる夢を見た翌週、その子がブランコから落ちて足が逆に曲がっちゃったり、飼っていた犬がドロドロに溶ける夢を見たら、ジステンパーって病気であっさり死んじゃったりね。自転車で転んで大怪我する前日には、刃のついた車輪に巻きこまれてズタズタになる夢を見ました。

要は、不吉な夢を見ると数日以内になにかが起こるんです。


で、ここからが本題なんですけど。

ちょうど三十歳になったばかりのころ、大学時代の友だちが夢のなかにヌッと顔を見せてね。卒業以来だから十二、三年ぶりなんですが、ちゃんとそのぶん歳を取った感じなんですよ。くたびれたネクタイを絞めて、髪もちょっぴり薄くなっていて。

ま、そのときは夢だなんて解りませんからね。懐かしさに興奮しながら「久しぶりだなあ、元気か」なんて言いながら友だちに近づいて……気づいたんですよ。

彼ね、眼球がないんです。目の部分、洞窟みたいに穴が空いているんです。思わずあとずさったこちらの気配に気づいたのか、友人が無言で首を横に振って。

その直後に目覚めました。

いや、もう暗い気持ちの起床でしたよ。どう考えても無事じゃないでしょ。連絡がきたら厭だなあ、最悪の事態にだけはならないでほしいなあ、なんて考えていたら、翌日の夕方に電話が鳴りましてね。

　夢に出てきた友だち、その人からでした。

「元気してる？　来週そっちに出張で行くんだけど、同級生からお前が住んでるって聞いてさ。良かったらどっかで飲まない？」

　軽やかな声でね。本当に脱力しましたよ。ええ、もちろん夢の話なんておくびにも出さず、再会の約束を取りつけました。「しかし、思わせぶりで迷惑な夢だよ」なんて自分で自分に文句を言いながら、その日は安らかな気持ちで床に就いたんですが。

　また見たんです、友だちの夢。

　前回とおなじシチュエーションのまま、彼が空っぽの目で立ってるんです。

　昨日も目撃しているから若干慣れたとはいえ、気持ちの良いものでもないでしょ。なので私、「おい、今日お前と電話したぜ。そんな死を予言するみたいなツラで出てくんなよ」なんて、ちょっと強目の口調で彼を諫めたんですよ。そしたら彼……また首を横に振ってから、

「ななねんごだもの」

　それだけ言うと、土が崩れるように消えました。

再会した友だちはすこぶる元気そうでした。いや、まさか言えませんよね。「お前、七年後に目ェやられて死ぬかもよ」なんて。だから、彼とはそれきりです。

来年、七年目なんですよね。どうすると良いんですかねえ。

鈴木さんの話

ボク、ミーハーとでも言うんですかね。年齢のわりには新しモノ好きなんですわ。新規開店のラーメン屋さんにはかならず並びますし、会社の若い子が誰々のライブに行ったなんて話していると、インターネットで調べて曲をダウンロードしますもん。独身の四十男ですから、金はないけど時間はそこそこ自由が効くんです、ええ。

ほんで、たしか一年くらい前やったかな。やっぱり会社の女の子たちがケータイで自分を撮影しては、動画を見せあって楽しげに笑ってるんですわ。ちょっと覗いたら犬の耳とか鼻が顔についてて、アニメみたいな感じになってるんです。

「なんやそれ、スゴいねえ」って聞いたら、スノーなんとかみたいな名前のアプリを教えてくれましてね。人の顔を自動で認識して、犬の耳だのシルクハットだの勝手に貼りつけてくれるらしいんですよ。そんなのメチャクチャ面白そうでしょ。おまけにタダやし。まあ金ないですから、ボク。

さっそくダウンロードしましてね、教えてくれた女の子を撮ったり自分を撮ったりしているうちは良かったんですが……アパートへ帰ってきたら独りじゃないですか。誰かと盛りあがれるわけでもないし、動画を送る相手がいるわけでもないし。

ほんでボクもいろいろ考えてね、そのアプリを起動させたスマホのカメラを部屋のあちこちに向けてみたんですよ。「このアプリ、こんなんを人の顔やと思いよった」って翌日自慢するつもりやったんです。要は、女の子の輪に入りたかったんですわ。

ところがね、いまの機械っちゅうんはホンマに頭が良いんですよ。天井を撮っても台所を撮っても、ウンともスンとも言わんのです。十五分くらいやってたんかなあ。いいかげん飽きてきて、「そろそろ辞めよか」なんて思いながら、なにげなく玄関のほうにスマホを向けたらね。

メガネが。空中にあるんですわ。

いやいや、もちろん本物のメガネじゃなくて、アプリ内のイラストなんですけど。でも変でしょ。だって人の顔を認識するアプリなんですよ。仮に間違えたとしても、顔っぽいモノがなかったらおかしいじゃないですか。

そこ、真っ暗なんですよ。

ちょっと怖くなったんですけど、気にもなるでしょ。ほんで「どうしよっかなあ」なんてノンキに考えながら空中のメガネを眺めていたんですけど……そしたら急に。ダダダダダダダダダッってメガネがこっちに近づいてきたんです。

もうビックリして身構えた拍子にスマホを床に落としてしまって。

しばらくしてから拾って、おそるおそる確認したんですが、もうメガネはどこにもありませんでした。ほんで、「気のせいや、このアプリがアホなだけや」って自分に言い聞かせて眠ったんですけどね。布団に入ってから気づいたんです。

もしもなにかを誤認したなら、メガネ自体は動かないですよね。

じゃあ、あそこになにがおったんやろって。そんなんもう、眠れないですよ。

ええ、それから一回もそのアプリは起動させてません。というか、削除しました。あんまり新しいモノに飛びつくのも大概にせんとなあ、って反省してます。

ただ、いまでも部屋に帰るのはちょっぴり怖いんですよね。だって、あのアプリがあったから見えたわけでしょ。いまは《見てない》だけですからね。

つまり、まだ居るかもしれないじゃないですか……アレ。

金原さんの話

わたし、まったく霊感がない人間なんですね。幽霊を見たとか虫の知らせがあったとか、そういう体験がゼロなんです。そもそも、あまり信じてないんですけど。

だから、いまのアパートに引っ越すときも「家賃が安くて助かるなあ」くらいのもので、別に厭な感じは全然しなかったんですよ。手伝いにきてくれた姉は、「あんたマジでここに住むの？」って何度も訊いてきて、帰り際には「もしヨソに移る気だったら、お姉ちゃんちょっとは援助してあげられるから」なんて言ってましたけど。あの人はわたしと違って、昔からそういうモノを見たり聞いたりするんです。でも、引っ越し当日に言うセリフじゃないでしょ。「神経質だなあ」なんてこっちが呆れてましたね。

ええ、その後も特に変わったことはありませんでしたよ。いや、もしかしたらなにかは起きていたのかもしれませんが、わたしって無頓着なもので気にしないんですよね。

だって、「そうじゃないか」って思ったら、なんだってそんなふうに見えたり聞こえたりするでしょ。自分が感じなければ、この世にないのと一緒ですから。

たしかに家賃がすこぶる安かったり、壁や天井がところどころ黒ずんでいたり、浴室がどれだけ換気しても絶えず湿っぽかったり、冷蔵庫に入れていた食材がやけに傷んだり、お湯も使っていないのに洗面所の鏡が曇ったりと、気になるところはあったんですけど。でもホラ、こういう性分なので。「そんなこともあるよね」なんて思っていて。


引っ越してから……半年くらい経った日の夜だったかなあ。

チャイムが鳴ったんです。ええ、夜の一時近くでした。

お化けよりもそっちのほうが怖いじゃないですか。だから、最初は出なかったんです。ところがその後も鳴るんですよ、チャイム。ピン、ポン、ピン、ポンって、ゆっくりと。

それでわたし、「もしかしてなにか緊急事態かな。警察とか救急とか」って考えちゃって。

一度思っちゃうと、もう気になっちゃうじゃないですか。それで、ドアを開けたんです。

チェーンだけ掛けたまんま。

立っていたのは、見たことのある男性……ちょうど真下の部屋に住んでいる方でした。

彼はなんだか申し訳なさそうに自己紹介すると、「いきなりこんなこと言ったら、本当に驚くと思うんですけど……」って何度も弁解してから「夢を見たんです」と言いました。

「私、ちいさいときから予知夢っていうんですかね。そういうのを見るんです。それで、ついさっき……この部屋が壁から天井まで真っ赤になる夢を見て、目が覚めたんですよ。あの、だからなにって話じゃないんですけど、お伝えしておくべきかなと思って……」

その人、急にそんなこと言うんですよ。いえいえ、まさかそんな話、信じませんって。「ヤバい人だな」って思いました。普通はそう考えるでしょ。で、たぶんそんな気持ちが表情に出ていたんでしょうね。彼、しばらくこちらを見てから意を決したような表情で、「奥のお部屋には白塗りの本棚がありますよね。いちばん下の段には文庫本が詰まってて、まんなかの段は写真立てがふたつあるはずです。上の段は書類……ですかね。封筒と紙の束が平積みになっていると思います」と、一気に説明したんです。

当たってました。ええ、全部。

ただ、その時点でもわたしは信じてなくて。「えっ、留守のあいだに部屋へ侵入したの」なんて警戒していました。だから「そうですか、ありがとうございます」って、なるべく刺激しないようにお礼を言って、ドアを閉めたんです。それが……一人目です。

その翌週でしたかね。コンビニへ行こうと部屋を出た直後に、声をかけられたんです。

男の人が立っていました。あ、さっきの彼とは別な人ですが、その男性もアパートの隣室に住んでいる人でした。過去に軽く挨拶したことがあったので、憶えていたんです。

「あの、ホンマに変なことヌカすやっちゃなと思うかもしれないですけど……」

恐縮した様子で前置きしてから、男性は「メガネがね……おたくの部屋のほうに飛んでいきよったんですわ」と、関西弁で言ったんです。

「メガネ言うても本物ではないんですわ。なんとかってアプリのメガネでして……」

最初はまるで理解できなかったんですが、話を聞くうち、人の顔を認証してイラストを添付するアプリがあって、それを起ちあげたら、なにもないはずの空間にメガネが浮かびあがったんだ……って話なんだと把握できました。

「半年くらい前にもあったんですわ。玄関でメガネがガガガガッと迫ってきて。ほんで今日の夜、ふと〝アレ、なんやったんやろ〟って思って、アプリをもっぺんインストールしてみたら……ボクの部屋からおたくの部屋まで一直線に壁をすり抜けていったんです。だから、なんか起きてないやろなと思わず表に出たら、バッタリお会いしたもんで」

「別に……大丈夫です」とだけ答えると、わたしはコンビニを諦めて部屋に戻りました。

その人がちょっと怖かったのに加えて、前に会った男性の話も思いだしちゃって。

で、先月です。

会社から帰ってきたら、知らない男の人がアパートの外観をぼおっと眺めてるんです。「なにかご用ですか」って言ったら、ドギマギしながら名乗って。なんでも、この近くに住んでいる方だそうで。

「あの、自分……この道を車で行き来して、仕事場行ったり家に帰ったりするんスけど。いつも……このアパートの前で、カーラジオの音が一瞬、スッて消えるんスよ」

それから男性は、自分の職場でもおなじような現象が起きていること、その際には《あまり見ないほうが良いモノ》がうろついていることを教えてくれました。

「だから、もしかしてこのアパート……なんかいるんじゃないかと思ったんスよね。いや、マジでアレはヤバいっスよ。なんとかしたほうが良いと思いますよ」

ええ。さすがにもう、「また変な人かな」とは思いませんでした。

「これはいよいよ普通じゃないのかも」と確信して……それで、今日は話を聞いてもらおうと、全員でこちらに伺ったんです。ほかの方の体験談を詳しく聞くのはわたしも初めてだったので、ちょっと驚いているんですけど。

（彼女の視線に気づいた宮武と鈴木、小林の三名が椅子から腰を浮かせて会釈する）

いちばん怖いのは、わたし自身なにも感じていないってことなんです。だって……もしなにか起きたときには、もう手遅れってことですよね。

どうすれば良いんでしょうね。そもそも、「そんな人」ばかりウチのアパートに集まっているのは、本当に偶然なんですかね。

偶然じゃないとしたら……いったいなにが起こるんですかね。

（金原さんが話を終えた直後、取材場所である喫茶店のドアが激しくノックされる。全員が振り向き、じっと注視するが誰も入ってくる気配はない）

著者紹介

我妻俊樹（あがつま・としき）
『実話怪談覚書 忌之刻』で単著デビュー。ほか「奇々耳草紙」シリーズ、新シリーズとして『忌印恐怖譚 くちけむり』が好評発売中。共著では「FKB饗宴」「ふたり怪談」「瞬殺怪談」「怪談五色」「てのひら怪談」等シリーズ、『猫怪談』など多数。

宇津呂鹿太郎（うつろ・しかたろう）
『異界巡り』で単著デビュー。ほか『怪談売買録 死季』など。共著に『怪 異形夜話』『瞬殺怪談』『怪談実話NEXT』など。現在もイベントで「怪談売買会」など不定期で行っている。

川奈まり子（かわな・まりこ）
『義母の艶香』で小説家デビュー。実話怪談では『赤い地獄』『実話怪談 出没地帯』『穢死』『迷家奇譚』『呪情』など。共著に『嫐 怪談実話二人衆』『女之怪談 実話系ホラーアンソロジー』『怪談五色 破戒』など。TABLO（http://tablo.jp/）とTOCANA（http://tocana.jp/）で実話奇譚を連載中。

黒木あるじ（くろき・あるじ）
『怪談実話 震』で単著デビュー。「怪談実話」「無惨百物語」等シリーズのほか、『怪談売買録 拝み猫』『怪の職安』『怪の放課後』など単著多数。共著では「FKB饗宴」「怪談五色」「ふたり怪談」「瞬殺怪談」等シリーズなど。『笑う死体の話』（ムラシタショウイチ）や『都怪ノ奇録』（鈴木呂亜）など新しい怪談の書き手も発掘している。

城谷 歩（しろたに・わたる）
俳優・劇団主宰を経て、プロの怪談師として活動。独特な語り節と世界観で好評を博し、定期口演のほか出張怪談など行っている。『恐怖怪談 呪ノ宴』『怪談師怖ろし話 裂け目』など。公式サイト：http//shirotani-kwaidan.com／Twitter：@Shirotaniwataru

神 薫（じん・かおる）
静岡県在住の現役の眼科医。『怪談女医 閉鎖病棟奇譚』で単著デビュー。ほか『骸拾い』など。共著に「FKB饗宴」「瞬殺怪談」等シリーズ、『恐

怖女子会 不祥の水』『猫怪談』など。女医風呂 物書き女医の日常 https://ameblo.jp/joyblog/

つくね乱蔵（つくね・らんぞう）
『恐怖箱 厭怪』で単著デビュー。単著に「恐怖箱」シリーズ『絶望怪談』など。共著に『恐怖箱 禍族』「怪談五色」「百物語」「瞬殺怪談」等シリーズなど。

鈴木呂亜（すずき・ろあ）
自称「奇妙な噂の愛好者」。サラリーマンとして働く傍ら、国内外の都市伝説や奇妙な事件を蒐集している。黒木あるじの推薦により『都怪ノ奇録』で単著デビュー。

つくね乱蔵（つくね・らんぞう）
『恐怖箱 蛇苺』で単著デビュー。ほか『恐怖箱 万霊塔』『恐怖箱 絶望怪談』など。共著では『恐怖箱 閉鎖怪談』『恐怖箱 禍族』「瞬殺怪談」「怪談五色」等シリーズなど多数。黒川進吾の名でショートショートも発表、共著『ショートショートの宝箱』もある。

百目鬼野干（どうめき・やかん）
地方にあるバーの店主であり、地元ではライターとしての顔も持つ。怖い話好きが高じて、店の客からネタを聞きまわっていたが、最近はその話を聞きつけてわざわざ怖い話をしにくる客も増えたとか。

冨士玉女（ふじ・たまめ）
怪談を聞いたり読んだり語ったりするのが好き。普段はサラリーマンとして生きている。最近知り合いの不幸が妙に多いので、これ以上深入りをしない方がいいのかと逡巡しながらの今回の参加とのこと。

怪談四十九夜 出棺

2018年5月5日　初版第1刷発行

編著　黒木あるじ
著者　我妻俊樹／つくね乱蔵
宇津呂鹿太郎／百目鬼野干
城谷 歩／鈴木呂亜／川奈まり子
冨士玉女／神 薫
デザイン　橋元浩明(sowhat.Inc.)
企画・編集　中西如(Studio DARA)
発行人　後藤明信
発行所　株式会社 竹書房
〒102-0072 東京都千代田区飯田橋2-7-3
電話03(3264)1576(代表)
電話03(3234)6208(編集)
http://www.takeshobo.co.jp
印刷所　中央精版印刷株式会社

定価はカバーに表示しています。
落丁・乱丁本は当社までお問い合わせください。

ISBN978-4-8019-1455-1 C0176